"博学而笃志,切问而近思。"
(《论语》)

博晓古今,可立一家之说;
学贯中西,或成经国之才。

作者简介

谢识予,男,1962年生。经济学博士。现为复旦大学世界经济系教授、博士生导师,全国博弈论与实验经济学研究会副理事长。主要教学和研究领域包括博弈论、计量经济学、数字货币等。获得首届全国教材建设奖、全国普通高校优秀教材奖、上海市哲学社会科学优秀成果奖、上海市优秀教学成果奖,被评为复旦大学本科教学名师、复旦大学优秀研究生导师和复旦大学教材建设先进个人等。

复旦博学·经济学系列
ECONOMICS SERIES

经济博弈论习题指南（第二版）

谢识予　主编

参加编写人员
孙碧波　唐明哲　曾　健　谭慧慧

复旦大学出版社

内容提要

《经济博弈论》自出版以来,一直受到许多教师和读者的青睐和支持,曾获得首届全国优秀教材二等奖。本书是作者编著的《经济博弈论》(第五版)配套的习题参考解答,并根据社会经济中的现实问题另外构思设计了一些补充习题及其参考答案和解答提示,以帮助读者更好地理解和掌握教材中介绍的博弈论思想、原理和分析方法,在博弈分析中淡化求解的思路,强调分析的思想,在理论分析和应用分析中注重提出问题和建立模型,不要为了解题而解题。虽然本习题指南是为上述《经济博弈论》教材配套编写,但其中的多数习题与教材内容有相对独立性,因此对使用其他教材的读者也有参考价值,既能为使用《经济博弈论》教材的教师提供方便,也可以进一步提高读者学习博弈论的兴趣和效率,提高应用博弈论的能力。

目　　录

第一章　导论习题指南 ·· 1
　　1.1　教材思考练习题 ··· 1
　　1.2　补充练习题 ·· 7

第二章　完全信息静态博弈习题指南 ···················· 15
　　2.1　教材思考练习题 ··· 15
　　2.2　补充练习题 ·· 28

第三章　完全且完美信息动态博弈习题指南 ········ 51
　　3.1　教材思考练习题 ··· 51
　　3.2　补充练习题 ·· 60

第四章　重复博弈习题指南 ······································ 85
　　4.1　教材思考练习题 ··· 85
　　4.2　补充练习题 ·· 91

第五章　完全但不完美信息动态博弈习题指南 ···· 111
　　5.1　教材思考练习题 ··· 111
　　5.2　补充练习题 ·· 119

第六章　不完全信息静态博弈习题指南 ················ 131
　　6.1　教材思考练习题 ··· 131
　　6.2　补充练习题 ·· 137

第七章　不完全信息动态博弈习题指南 ················ 149
　　7.1　教材思考练习题 ··· 149
　　7.2　补充练习题 ·· 155

第八章　博弈学习和进化博弈论习题指南 …………… 171
　　8.1　教材思考练习题 ………………………………… 171
　　8.2　补充练习题 ……………………………………… 179
第九章　合作博弈理论习题指南 ……………………… 191
　　9.1　教材思考练习题 ………………………………… 191
　　9.2　补充练习题 ……………………………………… 196
第十章　稳定匹配理论习题指南 ……………………… 205
　　10.1　教材思考练习题 ………………………………… 205
　　10.2　补充练习题 ……………………………………… 214
第十一章　博弈论历史和发展简述习题指南 ………… 225
　　11.1　教材思考练习题 ………………………………… 225
　　11.2　补充练习题 ……………………………………… 229

第一章 导论习题指南

1.1 教材思考练习题

1. 什么是博弈？博弈论的主要研究内容是什么？

参考答案：

博弈范畴有广义和狭义之分。一般理解的"博弈"是比较狭义的"非合作博弈"，即存在策略互动和利益依存特征的个体决策行为，也就是"一些个人、队组或其他组织，面对一定的环境条件，在一定的规则下，同时或先后，一次或多次，从各自允许选择的行为或策略中进行选择并加以实施，各自取得相应结果的过程"。博弈论研究的比较完整的广义博弈，其范畴还包含双方或多方协调行为(合作博弈)、群体行为演进(进化博弈)、双向选择行为(双边匹配)等。

博弈论就是系统研究各种博弈问题的理论。现在研究应用最多的是非合作博弈，即分析在各博弈方(参与者)具有充分或者有限理性、信息等条件下，最优或者可能的策略行为及其结果，并讨论相关经济和效率意义等的理论和方法。博弈论既是一种决策理论，也是一种分析预测工具，既能揭示众多经济现象背后的深层规律，也可以解释许多人类行为的内在原因、机制等。

2. 设定一个博弈模型必须确定哪几个方面？

参考答案：

在非合作博弈范畴内，设定一个博弈必须确定如下方面：

(1) 博弈方。即博弈中进行决策并承担结果的参与者。

(2) 策略。即博弈方决策、选择的内容，包括行为取舍、经济活动水平等。各博弈方的策略选择范围称策略空间。每个博弈方各选一个策略构成一个策略组合。

(3) 博弈过程。即各博弈方策略选择和行为的顺序及反复博弈的规则。

(4) 得益或得益函数。即博弈方行为、策略选择的相应结果，可以是经济利益，也可以是非经济利益折算的效用等。

(5) 信息结构。即博弈方相互对其他博弈方特征、行为或最终利益等的了解程度。

(6) 行为逻辑和理性程度。即博弈方的行为选择是以个体理性还是集体理性为基础，以及博弈方有完美的理性还是有理性局限等。不作说明即默认为完全理性的非合作博弈。

合作博弈必须确定博弈方、可行分配集、破裂点和各博弈方的效用函数。

匹配问题需要确定参与群体（资源）和基本规则等。

3. 举出烟草、餐饮、股市、房地产、广告、电视等行业的竞争中策略相互依存的例子。

参考答案：

烟草厂商新产品开发、价格定位的效果，常常取决于其他厂商、竞争对手的相关竞争策略。例如，某卷烟厂准备推出一种高价极品烟，该计划能否成功常取决于其他厂商是否有类似的计划。如果其他厂商也推出高价极品烟，而且档次、宣传力度比前者还要高、要大，那么前者的计划成功的难度就很大，但如果没有其他厂商推出同类产品，则前述某厂商的计划成功的可能性较大。

房地产开发企业在开发规模、目标客户定位等方面，也常常存在相互制约的问题。例如，一个城市当时的住房需求约 10 000 平方米，如果其他厂商开发了 8 000 平方米，那么你再开发 5 000 平方米就会导致供过于求,销售就会发生困难,但如果其他厂商只开发了不到 5 000 平方米,那么你开发 5 000 平方米就比较容易销售出去,项目容易获得成功。

商业、餐饮业的选址、广告和营销策略方面有许多博弈问题。股市投资者的投资策略、多空较量、买卖时机选择方面也有许多博弈问题。读者可进一步给出更多例子。

4. "囚徒的困境"的内在根源是什么?举出现实中囚徒的困境的具体例子。

参考答案:

"囚徒的困境"的内在根源是在个体之间存在行为和利益相互制约的博弈结构中,以个体理性和个体选择为基础的分散决策方式,无法有效地协调各方面的利益,难以实现整体、个体利益共同的最优。简单地说,"囚徒的困境"问题都是个体理性与集体理性的矛盾引起的。

厂商之间的价格战、恶性的促销竞争,初等、中等教育中的应试教育、升学竞争等,都是"囚徒的困境"博弈的表现形式。

在可以自由放牧的草场,海洋渔业资源,可以自由排污的湖泊等资源的利用和环境保护等领域,也包含许多"囚徒的困境"问题。

军备竞赛、核威慑和核武器控制等国际政治军事领域也存在许多"囚徒的困境"问题。

5. 博弈有哪些分类方法,有哪些主要的类型?

参考答案:

第一,可以根据博弈方的行为方式和是否需要约束力的协议,分为非合作博弈和合作博弈。

第二,可以根据博弈方的理性层次,分为完全理性博弈和有限理性博弈,有限理性博弈包括博弈学习和进化博弈等。

第三,可以根据博弈过程分为静态博弈、动态博弈和重复博弈。

第四,可以根据博弈问题的信息结构,以及博弈方是否都有关于得益和博弈过程的充分信息,分为完全信息静态博弈、不完全信息静态博弈、完全且完美信息动态博弈、完全但不完美信息动态博弈和不完全信息动态博弈。

第五,可以根据得益的特征,分为零和博弈、常和博弈和变和博弈。

第六,可以根据博弈中博弈方的数量,分为单人博弈、两人博弈和多人博弈。

第七,可以根据博弈方策略的数量特征,分为有限博弈和无限博弈。

6. "合作博弈"中"合作"的含义是什么?

参考答案:

合作博弈中的"合作"不是指博弈结果具有合作、双赢或多赢的特征,而是指博弈的方法、内容和过程需要合作,指参与者的行为不是个体决策行为,而是相互协调妥协方案。因为合作博弈的典型问题是议价、联盟,而不是非合作博弈那样的策略竞争。合作博弈只有通过协调达成某种形式的分配、联盟方案,隐含利用协议、合同等提供保障,才能顺利进行和实现结果。

7. 你正在考虑是否投资 100 万元开设一家饭店。假设情况是这样的:你决定开,则 0.35 的概率你将收益 300 万元(包括投资),0.65 的概率你将全部亏损掉;如果你不开,则你能保住本钱但也不会有利润。请你(a)用得益矩阵和扩展形表示该博弈。(b)如果你是风险中性的,你会怎样选择? (c)如果你是风险规避的,且期望得益的折扣系数为 0.9,你的策略选择是什么? (d)如果你是风险偏好的,期望得益折算系数为 1.2,你的选择又是什么?

参考答案：

(a) 根据问题的假设,该博弈的得益矩阵和扩展形表示分别如下：

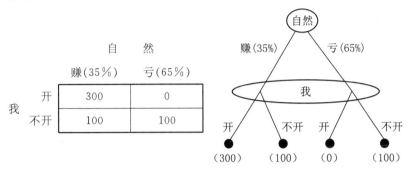

(b) 如果我是风险中性的,那么根据开的期望收益与不开收益的比较：

$$0.35 \times 300 + 0.65 \times 0 = 105 > 100$$

肯定会选择开。

(c) 如果我是风险规避的,开的期望收益为：

$$0.9 \times (0.35 \times 300 + 0.65 \times 0) = 0.9 \times 105 = 94.5 < 100$$

因此,不会选择开。

(d) 如果我是风险偏好的,那么开的期望收益为：

$$1.2 \times (0.35 \times 300 + 0.65 \times 0) = 1.2 \times 105 = 126 > 100$$

因此,这时候肯定会选择开。

8. 一逃犯从关押他的监狱中逃走,一看守奉命追捕。如果逃犯逃跑有两条可选择的路线,看守只要追捕方向正确就一定能抓住逃犯。逃犯逃脱可少坐 10 年牢,但一旦被抓住则要加刑 10 年；看守抓住逃犯能得 1 000 元奖金。请分别用得益矩阵和扩展形

表示该博弈,并作简单分析。

参考答案:

首先需要注意的是,在该博弈中两博弈方的得益单位不同,逃犯得到的是增加或者减少的刑期(年),而看守得到的则是奖金(元),因此除非先利用效用概念折算成相同的单位,否则两博弈方的得益相互之间不能比较和相加减。

直接采用单位不同的得益,该博弈的得益矩阵如下:

		看守	
		路线一	路线二
逃犯	路线一	−10, 1 000	10, 0
	路线二	10, 0	−10, 1 000

该博弈的扩展形表示如下:

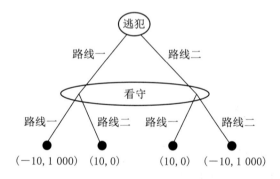

根据上述得益矩阵和扩展形不难看出,该博弈中两博弈方的利益是对立的。虽然因为两博弈方得益的单位不同,相互之间得益无法相加,所以无法判断是否为零和博弈,但两博弈方关系的性质与猜硬币等博弈相同,也是对立的。因此,该博弈同样没有两博弈方都愿意接受的具有稳定性的策略组合,两博弈方最合理的策略都是以相同的概率随机选择路线。

1.2 补充练习题

1. 判断下列论述是否正确,并作简单分析。
  (1) 单人博弈本质上即个体最优化决策,与典型的博弈问题有本质区别。
  (2) 博弈方的策略空间必须是数量空间,博弈的结果必须是数量或者能够数量化。
  (3) 囚徒的困境博弈中两个囚徒之所以会陷入困境,得到很差的结果,是因为相比坐牢时间长短本身,两囚徒更在乎坐牢时间相比对方的长短。
  (4) 因为零和博弈中博弈方之间的关系都是竞争性的、对立的,所以零和博弈就是非合作博弈。
  (5) 凡是博弈方的选择、行为有先后次序的一定是动态博弈。
  (6) 多人博弈中的"破坏者"会对所有博弈方的利益产生不利影响。
  (7) 合作博弈就是博弈方采取相互合作态度的博弈。

参考答案:

  (1) 正确。因为单人博弈只有一个博弈方,实际上就是个体最优化决策,不可能存在博弈方之间行为和利益的交互作用和制约,肯定与存在博弈方之间行为和利益交互作用和制约的典型博弈问题有本质区别。

  (2) 前半句错误,后半句正确。博弈方的策略空间不一定是数量空间,因为博弈方的策略既可以是决定数量水平(如产量、价格等),也可以是各种行为取舍和方向选择(是否开店、战争或和平等)。但博弈结果必须是数量,或者可以通过效用函数等数量化,至少可以排序,因为博弈本质上是策略选择,博弈分析必须以数量

(基数、序数)关系的比较为基础。

(3) 错误。结论恰恰相反,因为囚徒的困境博弈中两囚徒陷入困境的根源正是由于他们都只在乎自己坐牢时间的绝对长短。事实上,我们一开始就假设两囚徒都是理性经济人,而理性经济人的根本特征就是以自身的绝对利益,而不是相对利益为决策目标。

(4) 错误。虽然零和博弈中博弈方的利益确实是对立的,但非合作博弈是指博弈方以个体理性决策为基础,不包含集体理性的协商和有约束力的协议,并不是指博弈方之间的关系是竞争性的、对立的。同时,合作博弈也可以是零和的。

(5) 错误。并非所有选择、行为有先后次序的博弈问题都是动态博弈。例如,两个厂商先后确定自己的产量,但只要后确定产量的厂商在定产之前不知道另一厂商确定的产量,就是静态博弈问题而非动态博弈问题。

(6) 错误。多人博弈中的"破坏者"对博弈方的利益是否有影响和影响方向有不确定性。这种不确定性正是"破坏者"名称的来源。"破坏者"会给博弈分析带来困难,因此必然受到不利影响的其实是博弈分析者而不是博弈方。

(7) 错误。合作博弈在博弈论中是指博弈的过程、方式需要合作,博弈方之间需要达成和运用有约束力协议限制行为选择的博弈问题,与博弈方的态度、行为是否合作无关。

2. 博弈有哪些表示方法?

参考答案:

博弈方较少的有限博弈可以用得益矩阵或扩展形表示。其中,静态博弈通常用得益矩阵表示,动态博弈常用扩展形表示。信息不完全和不完美的博弈可通过多节点信息集反映。无限博弈或博弈方较多的博弈通常用描述策略空间和给出得益函数的方法表示。

3. 博弈与游戏有什么关系?

参考答案:

现代博弈论和经济学中的博弈通常指人们在经济、政治、军事等活动中的策略选择,特别是在有各种利益交互、策略互动条件下的策略选择和决策较量。游戏则是指日常生活中的下棋、打牌、田径、球类等体育比赛,以及电子游戏等。博弈和游戏之间有明显差别。

但博弈和游戏之间也有重要的联系,因为博弈与许多游戏在本质特征方面有相同的特征:①都有一定的规则;②都有能用正或负的数值表示,或能按照一定的规则折算成数值的结果;③策略至关重要;④策略和利益有相互依存性。正是因为存在这些共同特征,所以我们可以把博弈理解成游戏,从研究游戏规律得出的结论可用来指导经济、政治等活动中的决策问题,或者可以把重大的经济、政治等决策问题当作游戏问题研究。其实"博弈"的英文名称"Game"的基本意义就是游戏。

4. 本章中根据齐威王与田忌赛马故事构造的博弈问题属于哪种类型的博弈?这个博弈问题对我们有什么启发作用?

参考答案:

齐威王与田忌赛马博弈属于典型的两人零和静态博弈问题。从博弈方信息状态角度,这是一个完全信息的静态博弈问题。这个博弈模型中两个博弈方的得益情况(背后是实力)是不对称的,因此也可以称为不对称博弈。

这个博弈问题对我们有很多启发。例如,一是以弱胜强是可能的,成败关键是策略选择正确与否;二是该博弈中双方都没有确定的正确策略选择,策略选择是否正确与对手行为(策略)有关;三是在策略较量中掌握信息或能推断出对方的策略行为有重要价值。

5. 给出现实经济或生活中简单的单人博弈、两人零和博弈及两人非零和博弈的例子。

参考答案：

在一份收入较低但稳定的工作（餐馆服务员、超市理货员等）和一份收入可能更高但不稳定的工作（售楼员、保险推销）之间的选择问题是单人博弈的典型例子。许多风险投资决策也是典型的单人博弈问题。年轻人对于是否考研、是否出国留学的决策也是典型的单人博弈问题。

两个人的赌博是典型的两人零和博弈。如果将两个队伍比赛的赢输设为绝对值相等的正负值，就是典型的两人零和博弈。两人分一笔奖金或者遗产，如果把相互之间多得和少得的数值作为正负得益，也是两人零和博弈。

两人是否合作生产一种产品、经营一家商店的决策问题通常都是两人非零和博弈，因为达成合作往往可以双赢。消费者和商家之间的议价问题，因为成交后可能同时有正的消费者剩余和生产者剩余，一般也是非零和博弈。

6. 对于教材 1.2.4 中三个厂商离散产量古诺模型的三个厂商或其中部分厂商，你有没有方法可能帮助它们实现更大的利益？

参考答案：

可能方法之一是通过订立有强制性、约束力的协议，限制各自的产量，把总产量控制在垄断产量 10 单位的水平，以维持较高的价格 11 和实现最大利润的目的。这种措施需要三个厂商之间能够协调立场，达成可靠的协议，建立一种紧密的联盟关系。这时实际上是把非合作博弈问题转化成合作博弈问题。但这种方法的奏效是有条件的，包括国家法律政策的许可和厂商的协调能力等。

可能方法之二是其中一个或两个厂商吞并、收购其他厂商，从而减少厂商的数量,降低决策的分散程度。这种方法同样能够控制总产量和实现更大利润。这种措施是否能够成功也取决于市场、政策等多方面因素。

7. 一个工人给一个老板干活,工资标准是 100 元。工人可以选择是否偷懒,老板则选择是否克扣工资。假设工人不偷懒有相当于 50 元的负效用,老板则总可以找到借口扣掉 60 元工资,工人不偷懒则老板有 150 元产出,而工人偷懒时老板只有 80 元产出,但在老板支付工资之前无法知道实际产出,对于这些情况都是双方都知道的。请问:

(1) 如果老板完全能够看出工人是否偷懒,博弈属于哪种类型?用得益矩阵或扩展形表示该博弈并作简单分析。

(2) 如果老板无法看出工人是否偷懒,博弈属于哪种类型?用得益矩阵或扩展形表示并简单分析。

参考答案:

(1) 由于老板在决定是否克扣工资前完全清楚工人是否偷懒,因此这是一个动态博弈,而且是一个完全信息的动态博弈。此外,由于双方都有关于得益的充分信息,因此这是一个完全且完美信息的动态博弈。该博弈用扩展形表示如下:

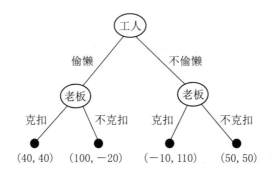

根据上述得益情况可以看出,在该博弈中偷懒对工人总是有利的,克扣对老板也总是有利的。因此,在双方都只考虑自己的利益最大化的情况下,该博弈的通常结果应该是工人偷懒和老板克扣工资。

(2)由于老板在决定是否克扣工资之前无法看出工人是否偷懒,因此该博弈可以看作静态博弈。由于双方仍然都有关于得益的充分信息,因此是一个完全信息的静态博弈。该博弈用得益矩阵表示如下:

		老板	
		克扣	不克扣
工人	偷懒	40, 40	100, −20
	不偷懒	−10, 110	50, 50

其实,根据该得益矩阵不难得到与上述动态博弈同样的结论,仍然是工人会选择偷懒和老板会选择克扣工资。这个博弈实际上与囚徒的困境是相似的。

8. 某人请律师帮他索赔 20 万元,双方约定成功后律师可获赔偿费的 10%,失败则律师无报酬。如果律师努力(工作 100 小时)有 50% 的概率能成功索赔,偷懒(工作 10 小时)只有 15% 的概率成功。已知律师的效用函数 $u = m - 100e$,其中 m 是报酬,e 是工作小时数。请问这是一个什么类型的博弈?请用扩展形表示该博弈并作一些讨论。

参考答案:

这个博弈实际上是一个律师接受委托后是否努力工作的单人博弈。

这个单人博弈的扩展形如下:

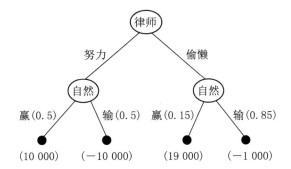

在这个单人博弈中,律师努力的期望效用为 $0.5 \times 10\,000 + 0.5 \times (-10\,000) = 0$,偷懒的期望效用为 $0.15 \times 19\,000 + 0.85 \times (-1\,000) = 2\,000$,偷懒的期望效用明显大于努力,因此一般风险中性的理性律师会选择偷懒。

第二章 完全信息静态博弈习题指南

2.1 教材思考练习题

1. 上策均衡、严格下策反复消去法和纳什均衡相互之间的关系是什么?

参考答案:

上策均衡是各博弈方绝对最优策略的组合,而纳什均衡则是各博弈方相对最优策略的组合。因此,上策均衡是比纳什均衡要求更高、更严格的均衡概念。上策均衡一定是纳什均衡,但纳什均衡不一定是上策均衡。对于同一个博弈来说,上策均衡的集合是纳什均衡集合的子集,但不一定是真子集。

严格下策反复消去法与上策均衡分别对应两种有一定相对性的决策分析思路:严格下策反复消去法对应排除法,即排除绝对最差策略的分析方法;上策均衡对应选择法,即选择绝对最优策略的均衡概念。严格下策反复消去法和上策均衡之间并不矛盾,甚至可以相互补充,因为严格下策反复消去法不会消去任何上策均衡,但却可以简化博弈。

严格下策反复消去法与纳什均衡也是相容和补充的,因为严格下策反复消去法把严格下策消去时不会消去纳什均衡,但却能简化博弈,使纳什均衡分析更加容易。

2. 为什么说纳什均衡是博弈分析中最重要的概念?

参考答案:

首先,这里所说的博弈指非合作博弈。之所以说纳什均衡是博弈分析最重要的概念，主要原因是纳什均衡拥有其他博弈均衡概念不可能同时具备的一致预测和普遍存在两大性质。

所谓"一致预测性"，是指博弈方的行为和预测之间的一致性，即如果博弈方都预测到博弈结果是某个纳什均衡，各博弈方就都会采用该纳什均衡的策略。一致预测性是保证纳什均衡具有内在稳定性，可以作出可靠预测的根本保证。只有纳什均衡才有这种性质，其他均衡概念要么不具有一致预测性，要么本身也是纳什均衡，是纳什均衡的组成部分，因此可以说一致预测性是纳什均衡的本质属性。

普遍存在性就是纳什定理及其他相关定理保证的，在允许采用混合策略的情况下，在我们关心的所有类型博弈中都存在纳什均衡。普遍存在性意味着纳什均衡分析方法具有普遍适用性。相比之下，其他各种均衡或分析概念，如上策均衡和作为严格下策反复消去法基础的严格下策等，则可能在许多博弈中不存在，作用和价值受到很大限制。

纳什均衡是唯一同时具有上述两大性质的博弈分析概念，也是其他各种博弈分析方法和均衡概念的基础，因此纳什均衡是博弈分析中最重要的概念。

3. 找出现实经济或生活中可以用帕累托上策均衡、风险上策均衡分析的例子。

解答提示：

帕累托上策均衡通常在分析存在多重纳什均衡，以及不同纳什均衡之间有优劣关系的博弈问题时有用，因此适合用来讨论现实中我们常说的共赢、多赢可能性或者条件等。企业之间的技术、投资合作，劳资关系，或者两个国家之间政治、军事和外交冲突等往往都可以用帕累托上策均衡概念进行分析。例如，两个同行业企业在主动合作和恶性竞争的选择中,主动合作往往既可以降低双方成本,又可以同时扩展双方的市场,对双方来说都大大优于恶性竞争,可以根据帕累托上策均衡支持双方的合作。

风险上策均衡通常可以分析有一定不确定性,而且不确定性主要来源于客观因素、环境因素的博弈问题。例如,人们对就业行业和职业的选择,在银行存款和股市投资之间的选择,以及厂商在产品、技术开发方面的决策问题等都可以用风险上策均衡概念进行分析。

4. 多重纳什均衡是否会影响纳什均衡的一致预测性质,对博弈分析有什么不利影响?

参考答案:

多重纳什均衡不会影响纳什均衡的一致预测性质。因为一致预测性不是指各博弈方有一致的预测,而是指各博弈方都预测某个纳什均衡是结果时,所有博弈方的行为与预测一致,也就是不会利用预测改变自己的策略行为。博弈是否有多重纳什均衡,有没有另外的纳什均衡,显然与上述一致预测性无关。

多重纳什均衡对博弈分析主要的不利影响是,当博弈存在多重纳什均衡,且相互之间没有明确的优劣之分时,往往无法确定各博弈方会预测哪个纳什均衡是结果,或者是否会形成共同的预测,从而会影响以纳什均衡为核心的博弈分析方法的预测能力。如果博弈在有多重纳什均衡的同时,还存在帕累托上策均衡、风险上策均衡、聚点均衡或相关均衡的可能性,并且博弈方相互之间有足够的默契和理解时,多重纳什均衡造成的不利影响会较小。

5. 下面的得益矩阵表示两博弈方之间的一个静态博弈。该博弈有没有纯策略纳什均衡?博弈的结果是什么?

		博弈方 2		
		L	C	R
博弈方 1	T	2, 0	1, 1	4, 2
	M	3, 4	1, 2	2, 3
	B	1, 3	0, 2	3, 0

参考答案：

首先，运用严格下策反复消去法进行分析。因为在博弈方 1 的策略中，B 是相对于 T 的严格下策，所以可以把该策略从博弈方 1 的策略空间中消去。把博弈方 1 的 B 策略消去后又可以发现，博弈方 2 的策略中 C 是相对于 R 的严格下策，从而也可以消去。在下面的得益矩阵中相应策略和得益处划水平和垂直线表示消去了这些策略。

		博弈方 2		
		L	C	R
博弈方 1	T	2, 0	1, 1	4, 2
	M	3, 4	1, 2	2, 3
	~~B~~	~~1, 3~~	~~0, 2~~	~~3, 0~~

两个博弈方各消去一个策略后的博弈是如下的 2×2 博弈，已经不存在任何严格下策。再运用划线法或箭头法，很容易发现这个 2×2 博弈有两个纯策略纳什均衡 (M, L) 和 (T, R)。

		博弈方 2	
		L	R
博弈方 1	T	2, 0	4, 2
	M	3, 4	2, 3

由于两个纯策略纳什均衡之间没有帕累托效率意义上的优劣关系,双方利益有不一致性,因此如果没有其他进一步的信息或者决策机制,一次性静态博弈的结果不能肯定。由于双方在该博弈中可能采取混合策略,因此该博弈的实际结果可能是(T, L)、(T, R)、(M, L)和(M, R)4个纯策略组合中的任何一个。

6. 求出下图中得益矩阵所表示的博弈中的混合策略纳什均衡。

		博弈方2 L	R
博弈方1	T	2, 1	0, 2
	B	1, 2	3, 0

参考答案:

根据计算混合策略纳什均衡的一般方法,设博弈方1采用T策略的概率为p,则采用B策略的概率为$1-p$;再设博弈方2采用L策略的概率为q,那么采用R策略的概率是$1-q$。根据上述概率分别计算两个博弈方采用各自两个纯策略的期望得益,并令它们相等,可得:

$$2q = q + 3(1-q)$$
$$p + 2(1-p) = 2p$$

解上述两个方程,得$p=2/3$,$q=3/4$。即该博弈的混合策略纳什均衡为:博弈方1以概率分布2/3和1/3在T和B中随机选择;博弈方2以概率分布3/4和1/4在L和R中随机选择。

**7. 博弈方1和博弈方2就如何分10 000万元进行讨价还价。假设确定了以下规则:双方同时提出自己要求的数额s_1和s_2,$0 \leq s_1, s_2 \leq 10000$。如果$s_1 + s_2 \leq 10000$,则两博弈方的要求都得到满足,即分别得 s_1 和 s_2,但如果 $s_1+s_2>10\,000$,则该笔钱就被没收。问该博弈的纯策略纳什均衡是什么?如果你是其中一个博弈方,你会选择什么数额,为什么?

参考答案:

我们用反应函数法来分析这个博弈。先讨论博弈方 1 的选择。根据问题的假设,如果博弈方 2 选择金额 $s_2(0 \leqslant s_2 \leqslant 10\,000)$,则博弈方 1 选择 s_1 的利益为:

$$u(s_1) = \begin{cases} s_1 & \text{当 } s_1 \leqslant 10\,000 - s_2 \\ 0 & \text{当 } s_1 > 10\,000 - s_2 \end{cases}$$

因此,博弈方 1 采用 $s_1 = 10\,000 - s_2$ 时,能实现自己的最大利益 $u(s_1) = s_1 = 10\,000 - s_2$。因此 $s_1 = 10\,000 - s_2$ 就是博弈方 1 的反应函数。

博弈方 2 与博弈方 1 的利益函数和策略选择是完全相似的。因此,对博弈方 1 所选择的任意金额 s_1,博弈方 2 的最优反应策略,也就是反应函数是 $s_2 = 10\,000 - s_1$。

显然,上述博弈方 1 的反应函数与博弈方 2 的反应函数是完全重合的。因此,本博弈有无穷多个纳什均衡,所有满足该反应函数,也就是 $s_1 + s_2 = 10\,000$ 的数组 (s_1, s_2) 都是本博弈的纯策略纳什均衡。

如果我是两个博弈方中的一个,那么我会要求得到 5 000 元。理由是在该博弈的无穷多个纯策略纳什均衡中,(5 000, 5 000)既是比较公平和容易被双方接受的,也是容易被双方同时想到的一个,因此是一个聚点均衡。

8. 设古诺模型中有 n 家厂商。q_i 为厂商 i 的产量,$Q = q_1 + \cdots + q_n$ 为市场总产量。P 为市场出清价格,且已知 $P = P(Q) = a - Q$(当 $Q < a$ 时,否则 $P = 0$)。假设厂商 i 生产 q_i 产量的总成本

为 $C_i = C_i(q_i) = cq_i$, 也就是说没有固定成本且各厂商的边际成本都相同, 为常数 $c(c<a)$。假设各厂商同时选择产量, 该模型的纳什均衡是什么? 当 n 趋向于无穷大时博弈分析是否仍然有效?

参考答案:

(1) 根据问题的假设可知各厂商的利润函数为:

$$\pi_i = pq_i - cq_i = (a - q_i - \sum_{j \neq i}^{n} q_j)q_i - cq_i$$

其中, $i = 1, \cdots, n$。利润函数对 q_i 求导并令其为 0, 得:

$$\frac{\partial \pi_i}{\partial q_i} = a - \sum_{j \neq i}^{n} q_j - c - 2q_i = 0$$

解得各厂商对其他厂商产量的反应函数为:

$$q_i = (a - \sum_{j \neq i}^{n} q_j - c)/2$$

根据 n 个厂商之间的对称性, 可知 $q_1^* = q_2^* = \cdots = q_n^*$ 必然成立。

代入上述反应函数, 可解得:

$$q_1^* = q_2^* = \cdots = q_n^* = \frac{a-c}{n+1}$$

因此, 该博弈的纳什均衡是所有 n 个厂商都生产产量 $\frac{a-c}{n+1}$。

(2) 当 n 趋于无穷时, 所分析的市场不再是一个寡头市场而是完全竞争市场, 此时上述博弈分析方法其实是不适用的。

9. 两寡头古诺模型, $P(Q) = a - Q$ 等与上题相同, 但两个厂商的边际成本不同, 分别为 c_1 和 c_2。如果 $0 < c_i < a/2$, 问纳什均衡产量各为多少? 如果 $c_1 < c_2 < a$, 但 $2c_2 > a + c_1$, 则纳什均

衡产量又为多少？

参考答案：

（1）两厂商的利润函数为：

$$\pi_i = pq_i - c_i q_i = (a - q_i - q_j)q_i - c_i q_i$$

利润函数对产量求导并令其为 0，得：

$$\frac{\partial \pi_i}{\partial q_i} = a - q_j - c_i - 2q_i = 0$$

解得两厂商的反应函数为：

$$q_i = (a - q_j - c_i)/2$$

或具体写成：

$$q_1 = (a - q_2 - c_1)/2$$
$$q_2 = (a - q_1 - c_2)/2$$

（2）当 $0 < c_i < a/2$ 时，我们根据上述两个厂商的反应函数，直接求出两个厂商的纳什均衡产量分别为：

$$q_1 = \frac{a - 2c_1 + c_2}{3}$$

$$q_2 = \frac{a + c_1 - 2c_2}{3}$$

（3）当 $c_1 < c_2 < a$，但 $2c_2 > a + c_1$ 时，根据反应函数求出来的厂商 2 的产量 $q_2 < 0$。这意味着厂商 2 不会生产，这时厂商 1 成了垄断厂商，厂商 1 的最优产量选择是利润最大化的垄断产量：

$$q_1 = q^* = \frac{a - c_1}{2}$$

因此，这种情况下的纳什均衡为 $[(a - c_1)/2, 0]$。

10. 甲、乙两公司分属两个国家,在开发某种新产品方面有下面得益矩阵表示的博弈关系(单位:百万美元)。该博弈的纳什均衡有哪些？如果乙公司所在国政府想保护本国公司利益,有什么好的方法？

		乙公司	
		开发	不开发
甲公司	开发	−10, −10	100, 0
	不开发	0, 100	0, 0

参考答案：

(1) 用划线法或箭头法等不难找出本博弈的两个纯策略纳什均衡(开发,不开发)和(不开发,开发),即甲乙两个公司中只有一家公司开发是纳什均衡,而两家公司都开发或都不开发不是纳什均衡。此外,该博弈还有一个混合策略纳什均衡。根据混合策略纳什均衡的计算方法,不难算出本博弈的混合策略纳什均衡是两个公司都以(10/11, 1/11)的概率分布随机选择开发或不开发。本博弈的两个纯策略纳什均衡前一个对甲有利,后一个对乙有利。混合策略纳什均衡也并不是好的选择,因为结果除了仍然最多是对一方有利的纯策略纳什均衡以外,还可能出现大家不开发浪费了机会,或者大家开发撞车的可能。

(2) 乙公司所在国政府保护本国公司利益的有效方法是对本国公司的开发活动进行补贴,从而改变博弈的利益结构,促使有利于本国乙公司的均衡出现。例如,若乙公司所在国政府对乙公司的开发活动提供 20 单位(百万美元)的财政补贴,则该博弈的得益矩阵转变为：

		乙公司	
		开发	不开发
甲公司	开发	−10, 10	100, 0
	不开发	0, 120	0, 0

不难发现，此时开发已经变成乙公司相对于不开发的严格上策，即使甲公司选择开发，乙公司选择开发也比选择不开发更有利，因此乙公司此时的唯一选择是开发。

根据上述得益矩阵可以判断出乙公司的选择，甲公司只能选择不开发，因此现在该博弈唯一的纳什均衡是(不开发,开发)。结果是乙公司可以保证获得120单位的利润。虽然乙公司所在国政府付出了20单位的代价，但这显然是值得的。如果乙公司所在国政府能从乙公司的利润中获得20单位或以上的税收或其他利益，那么政府最终不仅没有损失甚至还能获利。这正是现代世界各国家政府对本国企业的国际竞争进行补贴的主要理论根据。

当然，甲公司所在国政府同样可以通过财政补贴支持甲公司开发。这样，两公司同时开发成为本博弈唯一的纳什均衡和上策均衡。即使这个均衡的总体效率并不高，也会成为双方的必然选择。这也揭示了现代国家之间通过补贴进行国际竞争甚至恶性竞争的根源。

11. 设某西方国家一个地区选民的观点标准分布于$[0,1]$上，竞选一个公职的每个候选人同时宣布他们的竞选立场，即选择0到1之间的一个点。选民将观察候选人们的立场，然后将选票投给立场与自己的观点最接近的候选人。例如有两个候选人，宣布的立场分别为$x_1=0.4$和$x_2=0.8$，那么观点在$x=0.6$左边的所有选民都会投候选人1的票，而观点在$x=0.6$右边的选民都会投候选人2的票，候选人1将以60%的选票获胜。再设如果有候选人的立场相同，那么立场相同的候选人将平分该立场所获得的选票。得票领先的候选人票数相同时，则用抛硬币决定哪个候选人当选。我们假设候选人唯一关心的只是当选(即不考虑自己对观点的真正偏好)，如果有两个候选人，问纯策略纳什均衡是什么？如果有三个候选人，请作出一个纯策略纳什均衡。

参考答案：

(1) 两个候选人竞争时，纯策略纳什均衡为(0.5, 0.5)，即两个候选人都宣布自己是中间立场。我们用直接分析法加以证明：首先，如果一个候选人的立场是 0.5 而另一个候选人的立场不是 0.5，那么不难证明前者将获胜而后者必然失败，因为根据投票原则前者得票比例将大于 0.5，后者得票比例肯定小于 0.5。如果两个候选人的立场都选择 0.5，那么双方都有一半机会获胜。因此，对任意一个候选人来说，不管对方选择的立场是否是 0.5, 0.5 都是自己的正确选择，也就是说 0.5 都是上策。故尔，(0.5, 0.5)是本博弈的一个上策均衡，当然也是纳什均衡。

事实上，即使两候选人开始时没有立即找到最佳立场 0.5，他们也会通过边竞争边学习，很快调整到该纳什均衡策略。因为当两候选人的立场都不在 0.5 时，谁更靠近 0.5，谁的选票就多，观察到这一点，两候选人必然都会向 0.5 靠拢，直到最后都取 0.5 的立场。

当两候选人都选择 0.5 时，各自都能得到一半选民的支持，谁能够取胜往往取决于双方竞选立场以外的东西，如候选人的个人魅力和演说才能等。

(2) 三个候选人时问题比较复杂。因为当三个候选人的立场都处于中点附近位置时，立场夹在其他两个候选人之间的候选人只能获得很少的选票，从而他(或她)有转变成比左倾者更左倾，或比右倾者更右倾立场的动机。这时候，三个候选人在中点附近处于一种不稳定的平衡，也就是三个候选人的位置都在靠近 0.5 的地方作小幅度的摆动。纳什均衡为($0.5\pm\delta$, $0.5\pm\varepsilon$, $0.5\pm\zeta$)，其中 δ、ε 和 ζ 是小正数。如果考虑到现实中竞选者的立场不可能由一维数学坐标精确描述，选民对候选人立场差别的分辨能力也不可能很精细，那么当候选人的立场都接近中点时，选民是很难识别究竟哪个候选人偏右倾或左倾一些，因此三个候选人的立场都接近中点时可理解为是相同的。这样,三个候选人与两个候选人竞选的纳什均衡策略可以看成是相同的,即都选择 0.5,(0.5,0.5,0.5)。

三个候选人时在数学上还可能求出其他纯策略纳什均衡,如策略组合(0.4,0.6,0.8)就是其中一个。因为当三个候选人分别选择这些立场时,第一个候选人没有改变自己立场的动机,因为该策略组合的结果是他获胜,而第二个和第三个候选人单独改变自己的立场并不能改变自己的命运,无论是稍微改变自己的立场,还是与其他候选人的相对立场发生逆转,都没有取胜的机会。因此,根据纳什均衡的定义,这是一个纯策略的纳什均衡。类似的策略组合还有许多。不过,虽然这些纳什均衡在数学上完全符合纳什均衡的定义,但是它们在现实选举问题中的意义却并不大,因为这种纳什均衡本身只是弱均衡(部分博弈方改变策略不损害自己的利益),而且部分博弈方(第二个、第三个候选人)属于典型的"破坏者",他们的策略改变不影响自己的利益,但却会对其他博弈方的利益产生决定性的影响,所以这些纳什均衡其实是不稳定的,不会是现实中的均衡结果。

上述博弈模型不仅在分析西方政治选举问题中有意义,在分析经济经营活动中的选址和产品定位等问题方面也非常有用。读者可以自行找一些例子进行分析。

12. 运用本章的均衡概念和思想讨论下列得益矩阵表示的静态博弈。

博弈方 2

博弈方 1		L	R
	U	6, 6	2, 7
	D	7, 2	0, 0

博弈方 2

博弈方 1		L	R
	U	9, 9	0, 8
	D	8, 0	7, 7

参考答案：

首先，很容易运用划线法等找出左边博弈的两个纯策略纳什均衡(U,R)和(D,L)。本博弈还有一个混合策略纳什均衡，即两博弈方各自以 2/3、1/3 的概率在自己的两个策略 U、D 和 L、R 中随机选择。

但本博弈的两个纯策略纳什均衡中没有帕累托上策均衡，两博弈方各偏好其中一个，而且另一个策略组合(U,L)从整体利益角度优于这两个纯策略纳什均衡，因此博弈方很难在两个纯策略纳什均衡的选择上达成共识。混合策略纳什均衡的效率也不是很高，因为有一定概率会出现(D,R)的结果。

根据风险上策均衡的思想进行分析，当两个博弈方各自的两种策略都有一半可能性被选到时，本博弈的两个纯策略纳什均衡都不是风险上策均衡，而策略组合(U,L)却是风险上策均衡。因为此时博弈方 1 选择 U 的期望得益是 4，选择 D 的期望得益是 3.5，博弈方 2 选择 L 的期望得益是 4，选择 R 的期望得益是 3.5。因此，当两博弈方考虑到上述风险因素时，他们的选择将是(U,L)，结果反而比较理想。

如果博弈问题的基本背景支持，对本博弈还可以用相关均衡的思想进行分析。读者可自己作一些讨论。

对右边的博弈，运用划线法等容易发现有两个纯策略纳什均衡(U,L)和(D,R)，而且前者双方得益都高于后者，因此前者是相对于后者的帕累托上策均衡。如果双方理性且有理性的共同知识，也就是相互对对方的理性有充分信任，会选择前一个纳什均衡(U,L)。

但进一步根据风险上策均衡的思想分析，如果任一方对对方的理性缺乏充分信任，双方不满足理性共同知识的要求，则双方比较安全的选择是(D,R)。因为假设各博弈方的两个策略都有一半概率被选择时，U、L 给双方的期望得益都是 4.5，D、R

给双方的期望得益都是 7.5,所以(D, R)是相对于(U, L)风险上策均衡。

2.2 补充练习题

1. 判断下列论述是否正确,并作简单分析。
(1) 纳什均衡即任一博弈方单独改变策略都只能得到更小利益的策略组合。
(2) 如果一博弈有两个纯策略纳什均衡,则一定还存在一个混合策略均衡。
(3) 纯策略纳什均衡和混合策略纳什均衡都不一定存在。
(4) 上策均衡一定是帕累托最优的均衡。
(5) 纳什均衡的一致预测性质指各博弈方对博弈结果的预测相同,是该博弈的同一个纳什均衡。
(6) 严格下策反复消去法是静态博弈纳什均衡分析的重要方法之一,但不是静态博弈纳什均衡分析的完备方法。
(7) 纳什均衡是完全信息静态博弈分析的核心均衡概念,可以用纳什均衡分析解决所有静态博弈分析问题。

参考答案:
(1) 错误。任一博弈方单独改变策略不会增加得益的策略组合就是纳什均衡,任一博弈方单独改变策略只能得到更小得益的策略组合是严格纳什均衡,是比纳什均衡更强的均衡概念。
(2) 正确。这是由纳什均衡的基本性质之一——奇数性所保证的。
(3) 不正确。虽然纯策略纳什均衡不一定存在,但在我们所分析的博弈中混合策略纳什均衡总是存在的。这正是纳什定理的根本结论。也许在有些博弈中只有唯一的纯策略纳什均衡,没有严格意义上的混合策略纳什均衡,这时把纯策略理解成特殊的混合策略,混合策略纳什均衡就存在了。

(4) 不正确。囚徒的困境博弈中的(坦白,坦白)就是上策均衡(同时也是纳什均衡),但该均衡显然不是帕累托最优的,否则该博弈也不会称为囚徒的困境了。

(5) 不正确。纳什均衡的一致预测性不是指各博弈方对博弈结果的预测相同,而是指博弈方的行为和预测一致。也就是说,如果所有博弈方都预测博弈结果是某个纳什均衡,那么都不会采用与预测结果不一致的策略,预测会成真。

(6) 正确。如果某个策略组合是一个博弈的一个纳什均衡,那么严格下策反复消去法一定不会将它消去;如果严格下策反复消去法排除了某个策略组合之外的所有策略组合,那么唯一幸存的策略组合一定是该博弈唯一的纳什均衡,因此严格下策反复消去法是纳什均衡分析的重要辅助方法之一。但许多静态博弈不能用严格下策反复消去法进行分析,或者不能用严格下策反复消去法直接找出纳什均衡,因此严格下策反复消去法不是静态博弈纳什均衡分析的完备方法。

(7) 不正确。因为若存在多重纳什均衡而且没有明显优劣之分时,纳什均衡无法正确预测博弈的结果。此外,博弈方理性和环境风险等方面的因素,或者多人博弈中博弈方之间存在相互串通的可能性等,也会影响纳什均衡分析的有效性和可靠性。因此,虽然纳什均衡是完全信息静态博弈分析的核心均衡概念,但纳什均衡分析并不能解决所有的问题,必须进一步发展其他博弈分析方法和均衡概念。例如,存在多重纳什均衡时,需要用帕累托上策均衡、聚点均衡和相关均衡等进行分析;考虑到风险因素时,风险上策均衡可能比纳什均衡更重要;存在串通(共谋)可能性时,则应考虑防共谋均衡等。

2. 证明只有纳什均衡才有一致预测的性质。

参考答案：

因为纳什均衡的各方策略是各个博弈方在给定其他博弈方策略情况下的最优选择，所以如果所有博弈方都预测博弈结果是某纳什均衡，那么，所有博弈方都不会单独偏离该纳什均衡的策略，自己坚持该纳什均衡的策略也是最优选择，所以行为选择必然与预测都一致，也就是有一致预测性。

反过来，非纳什均衡中最少有一方的策略不是自身最优策略（否则就是纳什均衡了），因此，如果所有人预测该策略组合会成为博弈结果，那么，策略非自身最优的博弈方必然想改选其他更优策略，预测与行为选择必然不一致，预测就被推翻了，也就是没有一致预测性。

因此，只有纳什均衡才有一致预测性质，可以认为一致预测性就是纳什均衡的本质属性。

3. 完全信息静态博弈的基本特征是什么？给出完全信息静态博弈的一般表示方法。完全信息静态博弈有哪些基本分析方法？

参考答案：

完全信息静态博弈的基本特征是各博弈方同时选择策略，并且各博弈方有关于各方得益的充分信息。其中，各博弈方同时选择策略的含义是各博弈方选择策略之前不能知道其他博弈方的策略选择，而不是强调时间上必须同步。实际上，只要各博弈方决策前都不知道其他博弈方的策略，且都是一次性的策略选择，那么即使各博弈方决策时间有很大差别，也属于静态博弈。

完全信息静态博弈一般可表示为 $G = \{S_1, \cdots, S_n; u_1, \cdots, u_n\}$。其中，$G$ 表示一个博弈，n 是参与博弈的博弈方个数，$S_1, \cdots, S_n$ 表示各博弈方的策略空间（进一步可用 $s_{ij} \in S_i$ 表示博弈方 i 的第 j 个策略），u_i 表示博弈方 i 的得益，u_i 是各博弈方策

第二章 完全信息静态博弈习题指南

略的多元函数。

博弈问题本质上是决策问题,博弈分析的核心是最优化决策。完全信息静态博弈分析的基本思路是通过排除和筛选的方法找出博弈方的最优策略、策略组合,也就是上策均衡或纳什均衡,然后在找到的纳什均衡基础上进行预测分析等。完全信息静态博弈分析的基本方法包括针对用得益矩阵等表示的离散策略博弈问题的严格下策反复消去法、划线法、箭头法等,以及针对用得益函数表示的连续策略空间博弈问题的得益函数优化分析、反应函数法等。

4. 找出下列得益矩阵表示的静态博弈的纳什均衡。

		博弈方2 L	M	R
博弈方1	U	4, 3	5, 1	6, 2
	M	2, 1	8, 4	3, 6
	D	3, 0	9, 6	2, 8

参考答案:

运用严格下策反复消去法,首先可以发现博弈方2的M策略是相对于R策略的严格下策,可以消去,得到如下博弈矩阵:

		博弈方2 L	R
博弈方1	U	4, 3	6, 2
	M	2, 1	3, 6
	D	3, 0	2, 8

再运用严格下策反复消去法可以发现,博弈方 1 的 M 和 D 都是相对于 U 的严格下策,可以消去,达到如下结果:

	博弈方 2	
	L	R
博弈方 1　U	4, 3	6, 2

此时很容易看出,博弈方 2 在两个策略组合中肯定选择 L,因此本博弈唯一的纯策略纳什均衡是(U, L)。

5. 找出下列得益矩阵表示博弈的所有纳什均衡策略组合。

		博弈方 2		
		L	M	R
博弈方 1	U	3, 1	2, 2	5, 3
	M	2, 3	1, 3	4, 1
	B	4, 5	2, 3	3, 4

参考答案:

首先用严格下策反复消去法简化博弈。对选择行策略的博弈方 1,U 策略严格优于 M 策略,所以 M 为严格下策,消去得到如下博弈:

		博弈方 2		
		L	M	R
博弈方 1	U	3, 1	2, 2	5, 3
	D	4, 5	2, 3	3, 4

然后分析选择列策略的博弈方 2 的策略,现在其 M 策略严格

劣于 R 策,消去 M 策略得到矩阵:

博弈方 2

		L	R
博弈方 1	U	3, 1	5, 3
	D	4, 5	3, 4

在上述 2×2 博弈中已经不存在任何严格下策。此时用划线法不难找出纯策略纳什均衡为(D, L)和(U, R),相应的得益为(4, 5)和(5, 3)。

最后求该博弈的混合策略纳什均衡。因为被严格下策反复消去法消去的策略不可能包含在纳什均衡中,所以只需要考虑未被严格下策反复消去法消去的几个策略。设博弈方 1 选择 U 的概率为 α,D 的概率为 $1-\alpha$;博弈方 2 选择 L 的概率为 β,R 的概率为 $1-\beta$。

此时,博弈方 1 选择 U 的期望得益为 $3\beta+5(1-\beta)$,选择 D 的期望得益为 $4\beta+3(1-\beta)$。令这两个期望得益相等:

$$3\beta+5(1-\beta)=4\beta+3(1-\beta)$$

可解得 $\beta=2/3$。

博弈方 2 选择 L 的期望得益为 $\alpha+5(1-\alpha)$,选择 R 的期望得益为 $3\alpha+4(1-\alpha)$。令这两个期望得益相等:

$$\alpha+5(1-\alpha)=3\alpha+4(1-\alpha)$$

可解得 $\alpha=1/3$。

因此,该博弈的混合策略纳什均衡为:博弈方 1 以 1/3 和 2/3 的概率分布在 U 和 D 中随机选择,博弈方 2 以 2/3 和 1/3 的概率分布在 L 和 R 中随机博弈。

6. 下面的得益矩阵表示一个两人静态博弈。问当 a、b、c、d、e、f、g 和 h 之间满足什么条件时,该博弈:

(1) 存在严格上策均衡。

(2) 可以用严格下策反复消去法简化或找出博弈的均衡。

(3) 存在纯策略纳什均衡。

博弈方 2

		L	R
博弈方 1	U	a, b	c, d
	D	e, f	g, h

参考答案:

(1) 严格上策均衡是由各个博弈方的严格上策组成的策略组合。对于博弈方 1,如果 $a>e$ 且 $c>g$,则 U 是相对于 D 的严格上策;如果 $a<e$ 且 $c<g$,则 D 是相对于 U 的严格上策。对于博弈方 2,如果 $b>d$ 且 $f>h$,则 L 是相对于 R 的严格上策;如果 $b<d$ 且 $f<h$,则 R 是相对于 L 的严格上策。上述两个博弈方各自有两种严格上策的相对得益情况的组合,总共可能构成四种严格上策均衡。

(2) 只要出现 $a>e$ 且 $c>g$、$a<e$ 且 $c<g$、$b>d$ 且 $f>h$ 或 $b<d$ 且 $f<h$ 四种情况中的任何一种,就可以用严格下策反复消去法简化或直接求出博弈的均衡,因为这时候 D、U、R、L 分别是相应博弈方相对于各自另一策略的严格下策。

(3) 纯策略纳什均衡是各博弈方单独改变策略都无利可图的策略组合。在上述博弈中,只要满足 $a \geqslant e$ 且 $b \geqslant d$、$c \geqslant g$ 且 $d \geqslant b$、$e \geqslant a$ 且 $f \geqslant h$、$g \geqslant c$ 且 $h \geqslant f$ 四种情况中的任何一种,就存在纯策略纳什均衡。

7. 企业甲和企业乙都是彩电制造商,它们都可以选择生产低档产品或高档产品,但两企业在选择时都不知道对方的选择。假设两企业在不同选择下的利润如以下得益矩阵所示。
   请问:
   (1) 该博弈有没有上策均衡?
   (2) 该博弈的纳什均衡是什么?

		企业乙	
		高档	低档
企业甲	高档	500, 500	1 000, 700
	低档	700, 1 000	600, 600

参考答案:

(1) 根据得益矩阵可以发现,两企业究竟采用哪种策略更好完全取决于对方选择何种策略,因此本博弈没有上策均衡。

(2) 运用划线法很容易找出该博弈有两个纯策略纳什均衡,(高档,低档)和(低档,高档)。此外,本博弈还有一个混合策略纳什均衡:设企业甲生产高档彩电的概率为 α,生产低档彩电概率 $1-\alpha$,企业乙生产高档彩电的概率为 β,生产低档彩电概率 $1-\beta$。那么,令两企业采取各自两种策略的期望得益相等,容易解得 $\alpha=\beta=2/3$,即两个企业都以概率分布 2/3 和 1/3 随机决定生产高档彩电还是低档彩电,是本博弈的混合策略纳什均衡。

8. 在一个静态博弈中,博弈方 1 选择 U、D,博弈方 2 选择 L、R,博弈方 3 选择矩阵 a、b、c、d。若博弈方 3 的得益如下列矩阵所示,请证明 d 既不可能是对博弈方 1 和博弈方 2 混合博弈的最优反应,也不是一个严格下策。

		L	R
矩阵 a	U	9	0
	D	0	0

		L	R
矩阵 b	U	0	9
	D	9	0

		L	R
矩阵 c	U	0	0
	D	0	9

		L	R
矩阵 d	U	6	0
	D	0	6

参考答案：

首先，证明 d 不是对博弈方 1 和博弈方 2 混合博弈的最优反应。当博弈方 1 和博弈方 2 的策略组合是(U, L)时，d 的得益 6 小于 a 的得益 9；当博弈方 1 和博弈方 2 的策略组合是(D, R)时，d 的得益 6 小于 c 的得益 9；当博弈方 1 和博弈方 2 的策略组合是(D, L)时，d 的得益 0 小于 b 的得益 9；当博弈方 1 和博弈方 2 的策略组合是(U, R)时，d 的得益 0 小于 b 的得益 9。因此，d 不可能是博弈方 3 对博弈方 1 和博弈方 2 混合博弈的最优反应。

其次，证明 d 不是一个严格下策。当博弈方 1 和博弈方 2 的策略组合是(U, L)时，d 的得益 6 大于 b、c 的得益 0；当博弈方 1 和博弈方 2 的策略组合是(D, R)时，d 的得益 6 大于 a、b 的得益 0；当博弈方 1 和博弈方 2 的策略组合是(D, L)时，d 的得益 0 等于 a、c 的得益 0；当博弈方 1 和博弈方 2 的策略组合是(U, R)时，d 的得益 0 等于 a、c 的得益。因此，d 也不是博弈方 3 相对于自己任何策略的严格下策。

9. 假定三个博弈方 1、2、3 投票选择 A、B、C 三个项目之一。规则是同时投票且不允许弃权，得票较多的项目当选，如果每个项目得 1 票则 A 当选。再假设三个博弈方的得益分别为 $u_1(A) = u_2(B) = u_3(C) = 2$，$u_1(B) = u_2(C) = u_3(A) = 1$，

$u_1(C) = u_2(A) = u_3(B) = 0$。请找出该博弈所有的纳什均衡。

参考答案：

该博弈共有 $3^3 = 27$ 种可能的策略组合，可以用三个用得益矩阵表示如下（其中博弈方 1 选择行，博弈方 2 选择列，博弈方 3 选择矩阵）：

博弈方 2

		A	B	C
博弈方 1	A	<u>2</u>, 0, <u>1</u>	<u>2</u>, 0, <u>1</u>	<u>2</u>, 0, <u>1</u>
	B	<u>2</u>, 0, <u>1</u>	1, <u>2</u>, 0	<u>2</u>, 0, <u>1</u>
	C	<u>2</u>, 0, <u>1</u>	<u>2</u>, 0, <u>1</u>	0, <u>1</u>, <u>2</u>

矩阵 1——博弈方 3 选 A

博弈方 2

		A	B	C
博弈方 1	A	<u>2</u>, 0, <u>1</u>	1, <u>2</u>, 0	<u>2</u>, 0, <u>1</u>
	B	1, <u>2</u>, 0	1, <u>2</u>, 0	1, <u>2</u>, 0
	C	<u>2</u>, 0, <u>1</u>	1, <u>2</u>, 0	0, <u>1</u>, <u>2</u>

矩阵 2——博弈方 3 选 B

博弈方 2

		A	B	C
博弈方 1	A	<u>2</u>, 0, <u>1</u>	<u>2</u>, 0, <u>1</u>	0, <u>1</u>, <u>2</u>
	B	<u>2</u>, 0, <u>1</u>	1, <u>2</u>, 0	0, <u>1</u>, <u>2</u>
	C	0, <u>1</u>, <u>2</u>	0, <u>1</u>, <u>2</u>	0, <u>1</u>, <u>2</u>

矩阵 3——博弈方 3 选 C

运用划线法不难找到该博弈的纳什均衡共有 5 个，分别是 (A, A, A)、(A, B, A)、(B, B, B)、(A, C, C)和(C, C, C)。

10. 三对夫妻的感情状态可以分别用下面三个得益矩阵对应的静态博弈表示。问这三个博弈的纳什均衡分别是什么？这三对夫妻的感情状态究竟如何？

(矩阵 1)

		妻子	
		活着	死了
丈夫	活着	1, 1	−1, 0
	死了	0, −1	0, 0

(矩阵 2)

		妻子	
		活着	死了
丈夫	活着	0, 0	1, 0
	死了	0, 1	0, 0

(矩阵 3)

		妻子	
		活着	死了
丈夫	活着	−1, −1	1, 0
	死了	0, 1	0, 0

参考答案：

利用划线法等容易找出得益矩阵 1 博弈的纳什均衡为(活着, 活着)和(死了, 死了)。这两个纳什均衡的含义是这对夫妻要么同时活着，如果有一个死了，则另一个也宁愿选择死，而不愿单独活着。这说明这对夫妻的感情极度恩爱，以至于单独活着只有痛苦，甚至生不如死。

利用划线法等也容易找出得益矩阵 2 博弈的纳什均衡为(活

着,活着)、(活着,死了)和(死了,活着)。这三个纳什均衡说明这对夫妻共同生活很不幸福,甚至一方死了另一方反而能更好,但也没有到相互不可容忍的地步。这说明夫妻的感情很不好,处于相当危险的状态。

利用划线法等同样容易找出得益矩阵 3 博弈的纳什均衡为(活着,死了)和(死了,活着)。这两个纳什均衡的含义是这对夫妻中有一个活着,则另一个就会生不如死,只有一个死了,另一个活下去才有价值。这说明这对夫妻的感情状态极度恶劣,已经相互仇恨到了不共戴天的程度。

11. 若企业 1 的需求函数为 $q_1(p_1,p_2)=a-p_1+p_2$,企业 2 的需求函数为 $q_2(p_1,p_2)=a-p_2+p_1$。请问:

(1) 这两个企业之间的竞争或市场有什么特点?

(2) 若假设两个企业的生产成本都为 0,两个企业同时决策时的纳什均衡是什么?

参考答案:

(1) 这是一个价格竞争博弈。该博弈表示两个企业的产品是不完全相同的相互替代品,或者消费者对价格差异不是非常敏感。

(2) 根据问题的假设,两企业的利润函数分别为:

$$\pi_1(p_1,p_2)=(a-p_1+p_2)p_1$$
$$\pi_2(p_1,p_2)=(a+p_1-p_2)p_2$$

各自对自己的价格求偏导数,并令其为 0,得:

$$\frac{\partial \pi_1}{\partial p_1}=(a+p_2)-2p_1=0$$

$$\frac{\partial \pi_2}{\partial p_2}=(a+p_1)-2p_2=0$$

分别得到两企业的反应函数为:

$$p_1 = (a + p_2)/2$$
$$p_2 = (a + p_1)/2$$

联立两反应函数,可解得该博弈的纳什均衡为 $p_1 = p_2 = a$。

12. 如果双寡头垄断的市场需求函数是 $p(Q) = a - Q$,两个厂商都无固定生产成本,边际成本为相同的 c。如果两个厂商都只能要么生产垄断产量的一半,要么生产古诺产量,证明这是一个囚徒困境型的博弈。

参考答案:

根据市场需求函数 $p(Q) = a - Q$ 和厂商的生产成本,不难计算出该市场的垄断产量为 $q_m = \dfrac{a-c}{2}$,双寡头垄断的古诺产量(纳什均衡产量)为 $q_c = \dfrac{a-c}{3}$。两厂商都生产垄断产量的一半 $\dfrac{a-c}{4}$ 时,各自的利润为:

$$\left(a - \frac{a-c}{2} - c\right) \times \frac{a-c}{4} = \frac{(a-c)^2}{8}$$

两个厂商都生产古诺产量 $\dfrac{a-c}{3}$ 时,各自的利润为:

$$\left[a - \frac{2(a-c)}{3} - c\right] \times \frac{a-c}{3} = \frac{(a-c)^2}{9}$$

若一个厂商生产垄断产量的一半 $\dfrac{a-c}{4}$,另一方生产古诺产量 $\dfrac{a-c}{3}$,前者利润为:

$$\left(a - \frac{a-c}{3} - \frac{a-c}{4} - c\right) \times \frac{a-c}{4} = \frac{5(a-c)^2}{48}$$

后者利润为：

$$\left(a - \frac{a-c}{3} - \frac{a-c}{4} - c\right) \times \frac{a-c}{3} = \frac{5(a-c)^2}{36}$$

因此，上述博弈用下列得益矩阵表示就是：

企业乙

	$q_m/2$	q_c
企业甲 $q_m/2$	$\frac{(a-c)^2}{8}, \frac{(a-c)^2}{8}$	$\frac{5(a-c)^2}{48}, \frac{5(a-c)^2}{36}$
企业甲 q_c	$\frac{5(a-c)^2}{36}, \frac{5(a-c)^2}{48}$	$\frac{(a-c)^2}{9}, \frac{(a-c)^2}{9}$

分析这个得益矩阵可以看出，因为 $\frac{(a-c)^2}{8} < \frac{5(a-c)^2}{36}$，$\frac{5(a-c)^2}{48} < \frac{(a-c)^2}{9}$，所以 $q_m/2$ 对两个厂商都是相对于 q_c 的严格下策。故尔该博弈唯一的纳什均衡，也是上策均衡，是 (q_c, q_c)。这个纳什均衡的双方得益 $\frac{(a-c)^2}{9}$，显然不如双方都采用 $q_m/2$ 的得益 $\frac{(a-c)^2}{8}$，因此，这个博弈是一个囚徒困境型的博弈。

13. 两个厂商生产一种完全同质的商品，该商品的市场需求函数为 $Q=100-P$，设厂商 1 和厂商 2 都没有固定成本。若它们在相互知道对方边际成本的情况下，同时作出的产量决策是分别生产 20 单位和 30 单位。问这两个厂商的边际成本各是多少？各自的利润是多少？

参考答案：

根据问题的假设我们知道，两个厂商分别生产 20 单位和 30

单位产量,一定是该静态产量博弈的纳什均衡产量。

我们设两个厂商的边际成本分别为 c_1 和 c_2,生产的产量分别为 q_1 和 q_2,那么这两个厂商的利润函数分别为:

$$\pi_1 = (100 - q_1 - q_2)q_1 - c_1 q_1$$
$$\pi_2 = (100 - q_1 - q_2)q_2 - c_2 q_2$$

将两个厂商的利润函数分别对各自的产量求偏导数并令偏导数为 0,可得两厂商的反应函数为:

$$100 - 2q_1 - q_2 - c_1 = 0$$
$$100 - 2q_2 - q_1 - c_2 = 0$$

把 $q_1 = 20$ 和 $q_2 = 30$ 代入上述两个反应函数,可解得两厂商的边际成本分别为 $c_1 = 30$ 和 $c_2 = 20$。

再把上述产量和边际成本代入两厂商的利润函数,可得它们的利润分别为:

$$\pi_1 = (100 - 20 - 30)20 - 30 \times 20 = 400$$
$$\pi_1 = (100 - 20 - 30)30 - 20 \times 30 = 900$$

14. 假设两个企业生产的产品完全同质,而且消费者对价格很敏感,因此只有定价低的企业才能销出产品。进一步设 $p_i < p_j$ 时企业 i 产品的需求为 $a - p_i$, $p_i = p_j$ 时企业 i 产品的需求为 $\dfrac{a - p_i}{2}$, $p_i > p_j$ 时企业 i 产品的需求当然为 0。再假设两个企业都不存在固定成本,且边际成本为常数 $c(c < a)$。请证明在两企业同时选择价格时,该博弈唯一的纳什均衡是两个企业的定价均为 c。

参考答案:

首先,(c, c) 是该博弈的一个纯策略纳什均衡。因为在这个策略组合下,双方的得益都等于 0,如果某个企业单独提价,则会失去所有的顾客,得益仍然是 0,而如果某个企业单独降价,则利润会变成负数。因此,在 (c,c) 的情况下,任何企业单独改变定价对自己都是不利的,故尔这是一个纯策略纳什均衡。

其次,我们假设另一个策略组合 (b,d) 也是一个纳什均衡,而且其中至少有一个博弈方的定价不等于 c。那么,两个企业的定价必须是大于 c 的,否则利润为负,就不可能是纳什均衡。如果 $b<d$,则两个企业的利润分别为 $(b-c)(a-b)$ 和 0,此时企业 2 将价格下降到 c 与 b 之间可以提高利益,因此 $b<d$ 时,(b,d) 不可能是纳什均衡。同样的道理,$b>d$ 时,(b,d) 也不可能是纳什均衡。如果 $b=d>c$,显然也不可能是纳什均衡,因为任意一个企业单独把价格下降一点就可以使需求几乎扩大一倍,所以两个企业都有单独改变策略的动机,此时 (b,d) 也不可能是纳什均衡。因此,$(b,d)\neq(c,c)$ 实际上根本不可能是纳什均衡。这就证明了 (c,c) 是本博弈唯一的纯策略纳什均衡。

15. 两个企业 1、2 各有一个工作空缺,企业 i 的工资为 w_i,并且 $(1/2)w_1<w_2<2w_1$。设有两个工人同时决定向这两家企业申请工作,规定每个工人只能申请一份工作,如果一个企业的工作只有一个工人申请,该工人肯定得到这份工作,但如果一个企业的工作同时有两个工人申请,则企业无偏向地随机选择一个工人,另一个工人则会因为错过向另一个企业申请的时机而失业(这时收益为 0)。该博弈的纳什均衡是什么?该博弈的结果有多少种可能性,各自的概率是多少?

参考答案:
根据问题的假设,不难得到该博弈的得益矩阵如下:

		工人 2	
		企业 1	企业 2
工人 1	企业 1	$(1/2)w_1, (1/2)w_1$	w_1, w_2
	企业 2	w_2, w_1	$(1/2)w_2, (1/2)w_2$

根据假设的关系 $(1/2)w_1 < w_2 < 2w_1$，很容易可以找出该博弈的两个纯策略纳什均衡(企业1,企业2)和(企业2,企业1)，各自的得益为 (w_1, w_2) 和 (w_2, w_1)。

该博弈还有一个混合策略纳什均衡。设工人1选企业1的概率为 α，选择企业2的概率为 $1-\alpha$，工人2选企业1的概率为 β，选择企业2的概率为 $1-\beta$。则工人1选企业1的期望得益为 $(1/2)w_1\beta + w_1(1-\beta)$，选企业2的期望得益为 $w_2\beta + (1/2)w_2(1-\beta)$。令两个期望得益相等，得：

$$(1/2)w_1\beta + w_1(1-\beta) = w_2\beta + (1/2)w_2(1-\beta)$$

因此，工人2选择两个企业的概率为：

$$\beta = \frac{2w_1 - w_2}{w_1 + w_2}, \quad 1 - \beta = \frac{2w_2 - w_1}{w_1 + w_2}$$

因为两个工人的情况是相同的，所以工人1选择两个企业的概率必然也是：

$$\alpha = \frac{2w_1 - w_2}{w_1 + w_2}, \quad 1 - \alpha = \frac{2w_2 - w_1}{w_1 + w_2}$$

即两个工人都以 $\left(\dfrac{2w_1 - w_2}{w_1 + w_2}, \dfrac{2w_2 - w_1}{w_1 + w_2}\right)$ 的概率分布随机决定选择向企业1还是企业2申请，是该博弈的混合策略纳什均衡。

由于该博弈的两个纯策略纳什均衡没有严格的优劣之分，即使 w_1 与 w_2 有明显的大小关系，两个工人偏好的均衡也不会相同。因此,在两工人同时决定选哪家企业,而且没有其他参考信息、依据的情况下,两工人更可能采取混合策略。因此,该博弈的结果可能是四种策略组合(企业1,企业1)、(企业1,企业2)、(企业2,企业1)和(企业2,企业2)中的任何一种。其中,第一个组合出现的概率是 $\left(\dfrac{2w_1-w_2}{w_1+w_2}\right)^2$;第二个和第三个组合出现的概率是 $\dfrac{2w_1-w_2}{w_1+w_2}\times\dfrac{2w_2-w_1}{w_1+w_2}$;第四个组合出现的概率是 $\left(\dfrac{2w_2-w_1}{w_1+w_2}\right)^2$。

16. 五户居民都可以在一个公共的池塘里放养鸭子。每只鸭子的收益 v 是鸭子总数 N 的函数,并取决于 N 是否超过某个临界值 $\overline{N}$:如果 $N<\overline{N}$,收益 $v=v(N)=50-N$;如果 $N\geqslant \overline{N}$,$v(N)\equiv 0$。再假设每只鸭子的成本为 $c=2$ 元。若所有居民同时决定养鸭的数量,问该博弈的纳什均衡是什么?

参考答案:

设居民 i 选择的养鸭数目为 n_i,则总数为 $N=n_1+n_2+\cdots+n_5$。假设 $N<\overline{N}$,那么居民 i 的净得益为:

$$u_i=n_iv(N)=n_i(50-N)-2n_i=n_i(48-n_1-n_2-\cdots-n_5)$$

令该净得益对自己养鸭数的偏导数为0,得:

$$\frac{\partial u_i}{\partial n_i}=48-\sum_{j\neq i}n_j-2n_i=0$$

$$n_i=(48-\sum_{j\neq i}n_j)/2$$

由于所有居民的情况是相同的,因此他们的养鸭数应该相同,即 $n_1=n_2=\cdots=n_5$。代入上式可解得 $n_1=n_2=\cdots=n_5=48/6=8$ 只。

需要注意的是,上述每户的最佳养鸭数是在假设 $N<\overline{N}$ 成立

的前提下得出的。但因为 $\bar{N}$ 的数值并没有预先给定,所以每户居民各养 8 只鸭子并不一定满足该条件。为此我们必须分两种情况考虑该博弈的均衡:

(1) 如果 $\bar{N} > 5 \times 8 = 40$,那么上述临界值条件成立。此时五户居民每户养 8 只鸭子就是该博弈的纳什均衡。

(2) 如果 $\bar{N} \leqslant 40$,那么上述临界值条件实际上并不成立。此时每户居民养 8 只鸭子肯定不是纳什均衡,因为每户的得益都会降到 0。这时候的纳什均衡是什么,请读者自己讨论。(提示:纳什均衡不是唯一的而是有许多种,纳什均衡随 $\bar{N}$ 而变化,注意养鸭数只能是正整数。)

17. 试利用教材思考练习题 11 的选举博弈模型,说明西方国家的政党博弈中,为什么立场极端的政党往往会成为议会中的第二大党,但一般不会成为第一大党。

参考答案:

根据教材习题 11 中的选举博弈模型我们容易看出,由于选民均匀分布在极左到极右之间的所有立场上,而且根据与自己立场的接近程度选择支持对象。因此,当只有两个政党进行竞争时,立场比较"中庸"的政党总是能够比立场极端的政党得到更多的选票,因而后者只能得到较少的选票,成为第二大政党。下图清楚地表明了这种局势(其中白星表示"中庸"政党立场,黑星表示极端政党立场,虚线为选民阵营的分界线。下同):

当有三个政党竞争时,如果其中两个政党比较"中庸",另一个政党比较极端,那么通常是两个比较"中庸"的政党之一会获得半

数的选票,另一个获得很少的选票,而极端政党则仍然获得第二多的选票。下图表明了这种局势:

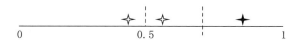

有更多政党竞争的时候情况实际上也是类似的。因此,立场极端的政党通常不容易成为议会第一大党、执政党,而议会第一大党、执政党往往是"中庸"的政党或者"中庸"政党之一,但立场极端的政党却很容易成为议会第二大党,或者最大的反对党。这正是上述简单多数规则的民主选举制度的必然规律。这种现象在西方国家的政治选举中都存在。

18. 如果在一条 1 千米的长街上均匀居住着许多居民,有两个人同时想在该长街开便利店。

(1) 假设所有居民都是到最近的便利店购买商品,问这两个人会如何选择店面位置?

(2) 如果每户居民仍然到离得最近的便利店购买,但购买数量与他们到便利店的距离有关,如 $Q = 1 - D$,其中 Q 是购买量,D 是居民与便利店的距离,此时两个人会怎样选择店面的位置?

参考答案:

(1) 如果居民的购买量与他们离便利店的距离无关,那么实际上这个商业选址问题与教材习题 11 的竞选立场选择是完全相似的。该博弈的纳什均衡,也就是两人选择的店面位置都是在长街的中间位置。论证方法与上述竞选立场问题完全相同。

(2) 如果每户居民的购买数量与他们到便利店的距离有关,则问题要复杂一些。我们用坐标轴上的区间 [0, 1] 表示该 1 千米的长街,假设两人的店面选址分别是 x 和 y,$0<x<1$,$0<y<1$,而且设 $x \leqslant y$。那么根据问题的假设,不难发现两人的营业额分别为下图中横线和竖线阴影部分的面积,计算公式分别为:

$$I_1(x,y) = \frac{[1+(1-x)]x}{2} + \frac{\left[1+\left(1-\frac{y}{2}+\frac{x}{2}\right)\right]\left(\frac{x+y}{2}-x\right)}{2}$$

$$= \frac{1}{8}(4x+4y-5x^2-y^2+2xy)$$

和

$$I_2(x,y) = \frac{\left[1+\left(1-y+\frac{x+y}{2}\right)\right]\left(y-\frac{x+y}{2}\right)}{2} + \frac{(1+y)(1-y)}{2}$$

$$= \frac{1}{8}(4y-4x-5y^2-x^2+2xy+4)$$

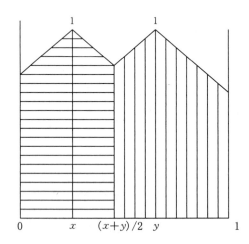

假设两个人都以营业额最大化作为选址依据是合理的。两人的营业额分别对 x 和 y 求偏导数,并令偏导数为 0,得:

$$4 - 10x + 2y = 0$$
$$4 - 10y + 2x = 0$$

联立上述两个方程,可解得 $x = y = 1/2$,这就是该博弈的纳什均衡。这个纳什均衡与居民购买量和距离无关时的纳什均衡是相同的。这说明两个商店最重要的任务仍然是争夺客户资源,而不是增加单个客户的购买量,消费者的利益实质上仍然是被忽视的。

19. 设某个地方的居民均匀地环绕一个圆形湖居住。两个小贩来此地推销商品。

(1) 如果居民都选择向离自己较近的小贩购买商品,问小贩选择推销地点博弈的纳什均衡是什么?

(2) 如果有三个小贩同时到此地推销商品,那么推销地点博弈的纳什均衡又是什么?

(3) 如果圆形湖的周长是 1(千米),而居民的购买量是它们与小贩距离的函数 $Q = 1 - D$,其中 Q 是购买量,D 是居民与小贩推销点的距离,则两个和三个小贩博弈的纳什均衡各是什么?

参考答案:

(1) 小贩为两个时,选任何地点都是纳什均衡,因为两个小贩选任何地点都是能够各得到一半的居民作为顾客。

(2) 小贩为三个时,有无数个纯策略纳什均衡,凡被三个小贩推销地点分割成的三段弧长都小于半圆(180度)的都是纳什均衡。请读者自行论证。

(3) 小贩为两个而居民的购买量又与距离有关时,两个小贩处于一条直径两端是纳什均衡。小贩为三个而居民购买量与距离有关时,三个小贩均匀分布在圆周上是纳什均衡。请读者自行分析。

第三章 完全且完美信息动态博弈习题指南

3.1 教材思考练习题

1. 动态博弈分析中为什么要引进子博弈完美纳什均衡,它与纳什均衡是什么关系?

参考答案:

子博弈完美纳什均衡即动态博弈中具有这样特征的策略组合:它们不仅在整个博弈中构成纳什均衡,而且在所有的子博弈中也都构成纳什均衡。

在动态博弈分析中引进子博弈完美纳什均衡概念的原因在于,动态博弈中各个博弈方的行为有先后次序,因此往往会存在相机抉择问题,也就是博弈方可能在博弈过程中改变均衡策略设定的行为,从而使得均衡策略存在可信性问题,对均衡的可靠性有破坏作用,而且纳什均衡无法消除这种问题,只有子博弈完美纳什均衡能够排除动态博弈策略中的这种不可信的"威胁"或"承诺",才是真正稳定可靠的。

子博弈完美纳什均衡一定是纳什均衡,但纳什均衡不一定是子博弈完美纳什均衡。因此,一个动态博弈的所有子博弈完美纳什均衡是该博弈所有纳什均衡的一个子集。

2. 导论中图 1.9 的先来后到博弈中有几个纳什均衡,子博弈完美纳什均衡是什么?

参考答案：

导论中图 1.9 的先来后到博弈的扩展形表示如下：

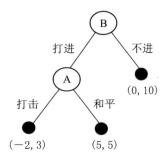

根据纳什均衡的定义，不难判断（打进，和平）和（不进，打击）是本博弈的两个纳什均衡，因为这两个策略组合都满足这一条件：任一方单独改变策略不可能增加利益，相反却可能损害自己的利益。

运用逆推归纳法不难找出，（打进，和平）是本博弈唯一的子博弈完美纳什均衡，而（不进，打击）不是子博弈完美纳什均衡，因为后者 A 的策略中针对 B 打进的打击是不可信的威胁。

3. 博弈方的理性局限对动态博弈分析有什么影响？为什么？

参考答案：

博弈方的理性局限，也就是博弈方的现实理性与博弈分析假设的完美理性有差距，对动态博弈的子博弈纳什均衡和逆推归纳法分析方法的应用和价值等都有很大影响。因为以子博弈完美纳什均衡和逆推归纳法为核心的动态博弈分析是以博弈方都完全理性和有理性的共同知识为基础的，博弈方有理性局限必然影响这些均衡概念、分析方法的应用和可靠性，还会引出理性判断的动态调整等更复杂的问题。例如,某个博弈方由于理性问题在某个时刻"犯错误",选择偏离子博弈完美纳什均衡的行为、路径,这时候后面阶段行为博弈方的判断和行为选择就会有困难。这种困难是动态博弈所特有的,在静态博弈分析中并不存在。

4. 如果开金矿博弈中第三阶段乙选择打官司后的结果尚不能肯定,即下图中 a、b 的数值不确定。试讨论本博弈有哪几种可能的结果。如果要本博弈中的"威胁"和"承诺"是可信的,a 或 b 应满足什么条件?

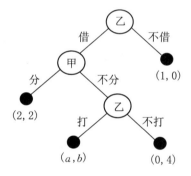

参考答案:

括号中的第一个数字代表乙的得益,第二个数字代表甲的得益,所以 a 表示乙的得益,而 b 表示甲的得益。

在第三阶段,如果 $a<0$,则乙会选择不打官司。这时逆推回第二阶段,甲会选择不分,因为分的得益 2 小于不分的得益 4。再逆推回第一阶段,乙肯定会选择不借,因为借的最终得益 0 比不借的最终得益 1 小。

在第三阶段,如果 $a>0$,则乙会选择打官司,此时双方得益是 (a,b)。逆推回第二阶段,如果 $b>2$,则甲在第二阶段仍然选择不分,这时候双方得益为 (a,b)。在这种情况下再逆推回第一阶段,那么当 $a<1$ 时乙会选择不借,双方得益为 $(1,0)$,当 $a>1$ 时乙肯定会选择借,最后双方得益为 (a,b)。如果在第二阶段 $b<2$,则甲会选择分,此时双方得益为 $(2,2)$。再逆推回第一阶段,乙肯定选择借,因为借的得益 2 大于不借的得益 1,最后双方的得益为 $(2,2)$。

根据上述分析我们可以看出,该博弈比较明确可以预测的结果有这样几种情况:① $a<0$,此时本博弈的结果是乙在第一阶段不愿意借给对方,结束博弈,双方得益为 $(1,0)$,不管这时候 b 的值是多少;② $0<a<1$ 且 $b>2$,此时博弈的结果仍然是乙在第一阶段选择不借,结束博弈,双方得益为 $(1,0)$;③ $a>1$ 且 $b>2$,此时博弈的结果是乙在第一阶段选择借,甲在第二阶段选择不分,乙在第三阶段选择打,最后结果是双方得益为 (a,b);④ $a>0$ 且 $b<2$,此时乙在第一阶段会选择借,甲在第二阶段会选择分,双方得益为 $(2,2)$。

要本博弈的"威胁",即"打"是可信的,条件是 $a>0$。要本博弈的"承诺",即"分"是可信的,条件是 $a>0$ 且 $b<2$。

注意,上面的讨论中没有考虑 $a=0$、$a=1$、$b=2$ 的几种情况,因为这些时候博弈方的选择很难用理论方法确定和预测。不过最终的结果并不会超出上面给出的范围。

5. 设一四阶段两博弈方之间的动态博弈如下图所示。试找出全部子博弈,讨论该博弈中的可信性问题,求子博弈完美纳什均衡策略组合和博弈的结果。

第三章 完全且完美信息动态博弈习题指南   55

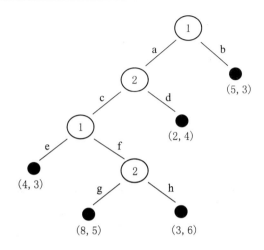

参考答案:

(1) 该博弈共包括如下 3 个子博弈:①从博弈方 1 选择 a 以后博弈方 2 的第二阶段选择开始的三阶段动态博弈;②从博弈方 2 第二阶段选择 c 以后博弈方 1 的选择开始的两阶段动态博弈;③第三阶段博弈方 1 选择 f 以后博弈方 2 的单人博弈。

(2) 该博弈最理想的,对双方都比较有利的博弈结果是路径 a—c—f—g。但实现该路径的双方策略中,博弈方 2 在第四阶段选择 g 是不可信的,因为得益 5<6;逆推回第三阶段,博弈方 1 选择 f 也变成不可信的,因为得益 3<4;再逆推回第二阶段,博弈方 2 在第二阶段选择 c 同样也是不可信的,因为得益 3<4;最后回到第一阶段,博弈方 1 选择 a 也不可信,因为 2<5。因此,上述较理想的结果是不可能实现的。

(3) 根据逆推归纳法先讨论博弈方 2 第四阶段的选择。由于采用 h 的得益 6 大于采用 g 的 5,因此博弈方 2 会采用 h;逆推回第三阶段,博弈方 1 根据对博弈方 2 第四阶段选择的判断可知选择 f 的得益是 3,而选择 e 的得益是 4,因此只有选择 e;再推回第二阶段,博弈方 2 根据对后两阶段选择的判断,已知选择 c 的得益是 3,而选择 d 的得益是 4,因此应该选择 d;最后回到第一阶段,博弈方 1 知道选择 a 的得益是 2,而选择 b 的得益是 5,因此会选择 b。该博弈的子博弈完美纳什均衡为:博弈方 1 第一阶段选择 b,第三阶段选择 e;博弈方 2 第二阶段选择 d,第四阶段选择 h。结果为博弈方 1 第一阶段选择 b 结束博弈,双方得益(5,3)。

6. 三寡头市场有倒转的需求函数 $P=100-Q$,其中 Q 是三个厂商的产量之和,并且已知三个厂商都有常数边际成本 2 而无固定成本。如果厂商 1 和厂商 2 先同时决定产量,厂商 3 根据厂商 1 和厂商 2 的产量决策,求它们的子博弈完美纳什均衡产量和相应的利润。

参考答案:

首先,设三个厂商的产量分别为 q_1、q_2 和 q_3。三个厂商的利润函数为:

$$\pi_1 = (100 - q_1 - q_2 - q_3)q_1 - 2q_1$$
$$\pi_2 = (100 - q_1 - q_2 - q_3)q_2 - 2q_2$$
$$\pi_3 = (100 - q_1 - q_2 - q_3)q_3 - 2q_3$$

根据逆推归纳法,先分析第二阶段厂商 3 的选择。将厂商 1 的利润函数对其产量求偏导数并令其为 0,得:

$$\frac{\partial \pi_3}{\partial q_3} = 100 - q_1 - q_2 - 2q_3 - 2 = 0$$

因此,厂商 3 的反应函数为:

$$q_3 = (98 - q_1 - q_2)/2$$

再分析第一阶段厂商 1 和厂商 2 的决策。先把厂商 3 的反应函数代入厂商 1 和厂商 2 的利润函数,得:

$$\pi_1 = (100 - q_1 - q_2 - q_3)q_1 - 2q_1 = \frac{98 - q_1 - q_2}{2}q_1$$

$$\pi_2 = (100 - q_1 - q_2 - q_3)q_2 - 2q_2 = \frac{98 - q_1 - q_2}{2}q_2$$

分别对 q_1 和 q_2 求偏导数并令其为 0,得:

$$\frac{\partial \pi_1}{\partial q_1} = \frac{98 - q_2}{2} - q_1 = 0$$

$$\frac{\partial \pi_2}{\partial q_2} = \frac{98 - q_1}{2} - q_2 = 0$$

联立两个方程,可解得 $q_1 = q_2 = 98/3$。再代入厂商 3 的反应函数,得 $q_3 = (98 - q_1 - q_2)/2 = 98/6$。

把三个厂商的产量代入各自的利润函数,可得三个厂商的利润分别为 4 802/9、4 802/9 和 2 401/9。

7. 求下列得益矩阵表示的对称博弈的颤抖手均衡。

		博弈方 2 A	B	C
博弈方 1	A	0, 0	0, 0	0, 0
	B	0, 0	1, 1	2, 0
	C	0, 0	0, 2	2, 2

参考答案:

根据划线法等不难发现这个博弈有(A, A)、(B, B)和(C, C)三个纯策略纳什均衡。其中帕累托最优的是(C, C),而且它也是不严格的上策均衡。完全理性博弈分析的通常结论是两个博弈方都会选择 C,各得 2 单位利益。

但如果我们考虑博弈方犯错误的可能性,以及博弈方相互对这种可能性的担心,则会得出很不同的结论。例如,博弈方 1 考虑到博弈方 2 有犯错误,即采用 A 或 B 而不是 C 的可能性,这时候博弈方 1 就不一定仍然坚持采用 C 了,因为这时博弈方 1 更佳的选择是 B 而不是 C:如果博弈方 2 采用 C,博弈方 1 采用 B 并没有损失;如果博弈方 2 采用的是 B,博弈方 1 采用 B 避免了更严重的损失;如果博弈方 2 采用的是 A,博弈方 1 采用 B 和 C 是一样的。因此,在这个博弈中,只要博弈方 1 意识到博弈方 2 哪怕只有很小的可能性会采用 B,就会倾向于采用 B 而不是 C。此外,即使博弈方 1 不担心博弈方 2 由于理性局限犯错误,也可能担心博弈方 2 是否会反过来担心自己犯错误,因为这也会使博弈方 2 选择 B。这样的推理分析可以多层次递推,相互对对方判断和行为的推断会不断加强上述趋向。由于双方的情况是相同的,因此考虑到理性局限及相互的不信任,该博弈更可能的结果是(B, B)而不是(C, C)。

上述在考虑到博弈方的理性局限的情况下,具有稳定性的纳什均衡(B, B),称为"颤抖手均衡"。(A, A)和(C, C)都不是本博弈的颤抖手均衡。

8. 若有人拍卖价值 100 元的金币,拍卖规则如下:无底价,竞拍者可无限制地轮流叫价,每次加价幅度为 1 元以上,最后出价最高者获得金币,但出价次高者也要交自己所报的金额且什么都得不到[这种拍卖规则是苏必克(Subik)设计的]。如果你参加了这样的拍卖会,你会怎样叫价?这种拍卖问题有什么理论意义和现实意义?

参考答案:

在这种拍卖活动中最好是不要叫价。因为这种拍卖规则对于竞拍者,特别是相互激烈竞争的竞拍者是个危险而且不公平的陷阱,最好的应对办法是回避它。

第三章 完全且完美信息动态博弈习题指南 59

另一种方法是先设定一个止损点(具体水平根据此类拍卖通常的风险和利益等综合考虑),然后试探一个较低的叫价,如果有人激烈竞争且叫价已超过自己的止损点,则必须立即退出竞争。这样,如果其他竞拍者也是理性的,则可能都会回避或及早退出,从而你通过冒少量风险的代价获得了较大的利益,而一旦遇到不理性的激烈竞争者,你的风险和损失也控制在可承受的范围之内。

这种博弈问题的主要理论意义如下:一是揭示了博弈规则设计的作用和价值;二是通过该博弈的实验或分析加深对人们理性和分析问题能力等的认识和理解;三是进一步认识博弈问题的本质特征。

这种博弈问题在现实中的最好例子是参与竞标需要许多前期费用、成本的招投标活动。虽然在这些招投标活动中,未中标者不用直接支付费用,但不菲的前期费用和其他成本,却与上述苏必克拍卖中的次高价支付有同样的作用或效果。因此,人们在经济活动中参加这样的招投标活动时必须非常谨慎。

9. 根据 3.4.4 中对店主和店员之间委托人-代理人关系的分析,讨论在信息不完全的情况下,"基本工资＋提成奖金"式的工资制度和租赁、承包制相比,哪种方式更能使雇员或承租、承包人的利益,与雇主或出租、发包人的利益一致？工资加奖金制度与租赁、承包制度各有什么优缺点？

参考答案:

根据 3.4.4 中对店主和店员之间委托人-代理人关系的分析,不难看出在信息不完全的情况下,租赁、承包制显然比"基本工资＋提成奖金"式的工资制度,更能使雇员或承租、承包人的利益,与雇主或出租、发包人的利益一致,使代理人的行为更符合委托人的利益。理由是在这个委托人-代理人关系博弈中,同时满足参与约束和激励相容约束的唯一子博弈完美纳什均衡解,就是一种固定租金或承包费的承包或租赁经营制。

租赁、承包制度的最大优点就是上述出租、发包人与租赁、承包人之间的利益一致性。但这有一定前提,那就是租赁、承包的条件、合同是合理的。此外,在租赁、承包制下所有的不确定性风险实际上都是由代理人而不是委托人承担的。由于在风险类型方面代理人总是比委托人更偏向风险厌恶而不是风险偏好,与租赁、承包制的风险安排正好矛盾,因此承包制和固定租金租赁制并不总是合理的,不一定被采用。

工资加奖金制度的优点是代理人所承担的风险比较小,委托人和代理人双方分担不确定性的风险,这对于代理人比较厌恶风险,每单位带风险的期望得益价值较小的情况是较好的制度安排。工资加奖金制度的缺点是在信息不完全的情况下,难以避免委托人和代理人在利益方面的某种不一致性,无法使代理人的行为完全符合委托人的利益。

3.2 补充练习题

1. 判断下列论述是否正确,并作简单分析。
（1）在动态博弈中,后行为的博弈方可以先观察到对方行为后再选择自己的行为,因此总是有利的。
（2）动态博弈本身也是自己的子博弈之一。
（3）逆推归纳法并不能排除所有不可置信的威胁。
（4）如果动态博弈的一个策略组合不仅在均衡路径上是纳什均衡,而且在非均衡路径上也是纳什均衡,就是该动态博弈的一个子博弈完美纳什均衡。
（5）颤抖手均衡与第二章的风险上策均衡都是在有风险和不确定性情况下的稳定性策略组合,因此它们本质上是一样的。

参考答案：

(1) 错误。在有些博弈中，后行为的博弈方有更多信息，可减少决策的盲目性和作针对性选择，确实处于较有利的地位。但在另一些博弈中，先行为的博弈方可以抢先选择有利于自己的行为，因此有先行优势。也有一些动态博弈中，先后行为博弈方的利益无差别，行为次序并不会导致利益差别。具体情况与博弈结构、利益关系有关。

(2) 错误。根据子博弈的定义，整个博弈本身不是自己的子博弈。

(3) 错误。逆推归纳法最根本的特征就是能排除动态博弈中所有不可信的行为，包括不可信的威胁和不可信的承诺。因为逆推归纳法是根据最大利益原则选择博弈方每阶段行为的，而且都考虑到了后续阶段的行为选择，所以用逆推归纳法找出的均衡策略组合中不可能包含不符合博弈方利益的不可信行为选择。

(4) 正确。这正是子博弈完美纳什均衡的根本要求或另一种表示方法。

(5) 错误。这两个概念是有很大区别的。首先，前者是针对很小的犯错误导致的偏离概率的均衡概念，而后者是有较大偏离概率情况下的均衡概念。其次，前者对博弈方的理性假设与完全理性假设基本接近，后者对博弈方的理性假设比较复杂，实际上更多考虑了理性的不对称性。颤抖手均衡本身是纳什均衡，而风险上策均衡则不一定是纳什均衡。最后，前者主要针对动态博弈，后者主要针对静态博弈。

2. 简述逆推归纳法的基本原理和有效运用逆推归纳法的条件。

参考答案：

逆推归纳法即从动态博弈的最后一个阶段开始，逐个阶段向前面阶段依次倒推分析博弈方理性行为选择的动态博弈分析方法。逆推归纳法是分析动态博弈,找出动态博弈的子博弈完美纳什均衡的基本方法。

逆推归纳法的基本原理或者说逻辑基础是,理性的博弈方在选择动态博弈的各阶段行为时,必然会考虑后面阶段博弈方的行为选择,只有最后一个阶段行为的博弈方才能直接作出明确选择。因此,只有从最后一个阶段开始,逐步往前面阶段倒推分析,才能有效推断出动态博弈中各博弈方在各个选择节点的理性行为选择。

能有效运用逆推归纳法分析动态博弈的前提是:博弈过程和利益关系清楚,各博弈方充分了解博弈结构,所有博弈方都高度理性,不会犯选择、行为错误,且所有博弈方有关于对方理性的共同知识。否则逆推归纳法的基础和结论就不可靠。

3. 假设厂商甲正考虑是否要进入原垄断厂商乙的市场。如果甲不进入该市场,则利润为 A(去其他市场),而乙利润为 B;如果甲进入乙选择容忍,则双方利润分别是 C 和 D;如果甲进入乙选择排挤,则双方利润分别为 E 和 F。请问:

 (1) 上述各种情况的双方利润一般有哪些特点(相对大小)?这种利润情况下双方会怎样选择?
 (2) 双方利润怎样的变化会改变博弈结果?

参考答案:

 (1) 根据市场竞争的一般规律,既然甲把进入该市场看作机会,乙排挤意味着恶性竞争,可能损害双方利益,因此甲在不同情况下的利润 A、C、E 满足 $E<A<C$,乙在不同情况下的利润 B、D、F 满足 $D<B<F$。

该博弈的扩展形如下:

第三章 完全且完美信息动态博弈习题指南   63

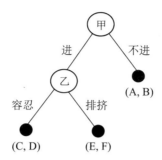

运用逆推归纳法,首先该博弈中如果甲进该市场,因为 D 大于 F,所以乙会选择容忍,双方得益(C, D)。倒推回甲的选择,因为 C 大于 A,所以甲会选择进入。该博弈的子博弈纳什均衡路径就是甲进乙容忍,双方得益(C, D)。

(2) 如果甲不进该市场的利润 A 大于 C,或者乙容忍的利润 D 小于排挤的利润 F,都会改变博弈结果。

4. 设两个博弈方之间的三阶段动态博弈如下图所示。

(1) 若 a 和 b 分别等于 100 和 150,该博弈的子博弈完美纳什均衡是什么?

(2) L—N—T 是否可能成为该博弈的子博弈完美纳什均衡路径,为什么?

(3) 在什么情况下博弈方 2 会获得 300 单位或更高的得益?

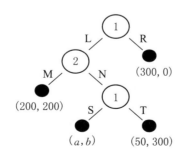

参考答案：

(1) 当 a 和 b 分别等于 100 和 150 时，用逆推归纳法很容易找出，该博弈的子博弈完美纳什均衡为：博弈方 1 在第一阶段选择 R，在第三阶段选择 S；博弈方 2 在第二阶段选择 M。

(2) 不可能。因为 L—N—T 给博弈方 1 带来的得益 50 明显小于他(或她)在第一阶段选 R 带来的得益 300，所以该路径对应的策略组合在整个博弈中就不构成纳什均衡，所以无论 a 和 b 的数值是什么，L—N—T 都不可能成为该博弈的子博弈完美纳什均衡路径。

(3) 第(2)小题的答案已经说明 L—N—T 不可能是本博弈的子博弈完美纳什均衡，因此博弈方 2 不可能通过该路径实现 300 单位得益，博弈方 2 唯一有可能实现 300 单位或以上得益的路径是 L—N—S。要使 L—N—S 成为子博弈完美纳什均衡路径而且博弈方 2 能得到 300 单位或以上得益，必须 $a > 300$、$b \geqslant 300$。

5. 甲方是某国的一股企图对抗中央的地方势力，乙方是该国的中央政府，丙方是支持甲方的某种国际势力。三方之间互动制约的利益关系可用下列扩展形博弈表示，其中得益数组的第一个数字是甲方的得益，第二个数字是乙方的得益，第三个数字是丙方的得益。

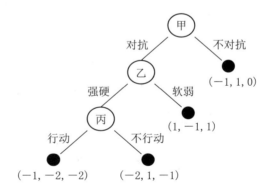

(1) 该博弈的均衡是什么?

(2) 如何对得益数字作最小程度的改动,分别使(a)甲方选择对抗,乙方选择软弱;(b)甲方选择对抗,乙方选择强硬,丙方选择行动。

参考答案:

(1) 运用逆推归纳法求子博弈完美纳什均衡。第三阶段丙行动的得益 -2 小于不行动的 -1,会选择不行动。倒推回第二阶段乙强硬的得益 1 大于软弱的得益 -1,会选择强硬。再倒推回第一阶段甲对抗的得益 -2 小于不对抗的 -1,会选择不对抗。所以该博弈的子博弈完美纳什均衡是甲不对抗,乙强硬,丙不行动。均衡路径是甲选择不对抗结束博弈,甲、乙、丙分别得益 -1、1、0。

(2) (a) 让甲选择对抗和乙选择软弱的方法:只要将对应路径对抗—强硬—行动的三方得益改为 $(-1, -2, 0)$,丙第三阶段就会选择行动,子博弈完美纳什均衡就会变成(对抗,软弱,行动),就可以实现目标。

(b) 让甲选择对抗,乙选择强硬和丙选择行动的方法:只要将对应路径对抗—强硬—行动的三方得益改为 $(0, 0, 0)$,子博弈完美纳什均衡就会变成(对抗,强硬,行动),就可以实现目标。

6. 企业甲和企业乙都是彩电制造商,都可以选择生产低档产品或高档产品,每个企业在四种不同情况下的利润如以下得益矩阵所示。如果企业甲先于企业乙进行产品选择并投入生产,即企业乙在决定产品时已经知道企业甲的选择,而且这一点双方都清楚。

(1) 用扩展形表示这一博弈。

(2) 这一博弈的子博弈完美纳什均衡是什么?

		企业乙	
		高档	低档
企业甲	高档	500, 500	1 000, 700
	低档	700, 1 000	600, 600

参考答案：

(1) 本博弈的扩展形如下：

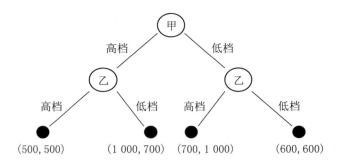

(2) 用逆推归纳法。如果第一阶段甲选高档,则到了第二阶段,乙会选低档,因为此时得益 700＞500,结果为(1 000, 700);而如果第一阶段甲选低档,到了第二阶段,乙会选高档,因为此时得益 1 000＞600,结果为(700, 1 000)。甲知道乙的选择方法,所以逆推回第一阶段,甲会选择生产高档彩电,因为 1 000＞700。所以本博弈的子博弈完美纳什均衡为：

甲的策略： 选择生产高档产品。

乙的策略： 若甲选择了生产高档,则选择生产低档,若甲选择了生产低档,则选择生产高档。

本博弈的子博弈完美纳什均衡路径为：甲选择生产高档彩电,然后乙选择生产低档彩电。本博弈的双方得益为(1 000, 700)。

7. 乙向甲索要 1 000 元，并且威胁甲如果不给就与他同归于尽。当然甲不一定会相信乙的威胁。请用扩展形表示该博弈，并找出纯策略纳什均衡和子博弈完美纳什均衡。

参考答案：

首先我们可以把该博弈抽象为一个先由甲选择是否给乙 1 000 元，而在甲选择不给的情况下，再由乙选择是否实施同归于尽威胁的两阶段动态博弈。如果设甲给乙 1 000 元，则自己有 1 000 元损失，乙得到 1 000 元净利益，而一旦同归于尽则双方都有无穷大的负利益，则该博弈表示成扩展形如下：

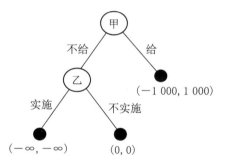

根据纳什均衡的定义，不难发现该博弈有两个纯策略纳什均衡(给,实施)和(不给,不实施)。因为这两个策略组合都符合给定对方的策略，自己的策略是最好策略的定义。

运用逆推归纳法，可以解得该博弈的子博弈完美纳什均衡是：甲在第一阶段选择不给，乙在第二阶段选择不实施，也就是(不给,不实施)。另一个策略组合(给,实施)不是子博弈完美纳什均衡，因为根据本博弈的得益结构，在第一阶段甲不给的情况下，乙第二阶段选择实施是不可信的威胁。

8. 两个寡头企业进行价格竞争博弈,企业 1 的利润函数是 $\pi_1 = -(p-aq+c)^2+q$,企业 2 的利润函数是 $\pi_2 = -(q-b)^2+p$,其中 p 是企业 1 的价格,q 是企业 2 的价格。求:

(1) 两个企业同时决策的纯策略纳什均衡。
(2) 企业 1 先决策的子博弈完美纳什均衡。
(3) 企业 2 先决策的子博弈完美纳什均衡。
(4) 是否存在参数 a、b、c 的特定值或范围,使两个企业都希望自己先决策?

参考答案:

(1) 两个企业同时定价。根据两个企业的得益函数,很容易导出它们各自的反应函数:

$$\frac{\partial \pi_1}{\partial p} = -2(p-aq+c) = 0$$
$$\Rightarrow p = aq - c$$
$$\frac{\partial \pi_2}{\partial q} = -2(q-b) = 0$$
$$\Rightarrow q = b$$

因此,两企业同时决策时的纳什均衡是:

$$\begin{cases} p = ab - c \\ q = b \end{cases}$$

此时两企业的利润为:

$$\pi_1 = -(p-aq+c)^2 + q = b$$
$$\pi_2 = -(q-b)^2 + p = ab - c$$

(2) 企业 1 先决策。根据逆推归纳法,先求企业 2 的反应函数:

$$\frac{\partial \pi_2}{\partial q} = -2(q-b) = 0$$

$$\Rightarrow q = b$$

代入企业 1 的利润函数，得到：

$$\pi_1 = -(p - aq + c)^2 + q$$
$$= -(p - ab + c)^2 + b$$

再求企业 1 的反应函数：

$$\frac{\partial \pi_1}{\partial p} = -2(p - ab + c) = 0$$
$$\Rightarrow p = ab - c$$

因此，企业 1 先决策时的子博弈完美纳什均衡仍然是：企业 1 定价 $p = ab - c$，企业 2 定价 $q = b$，与两个企业同时定价时相同。利润当然也与同时定价时相同。这实际上是因为本博弈中后行为的企业 2 的选择与先行为的企业 1 的选择无关。

（3）企业 2 先决策。根据逆推归纳法，先求企业 1 的反应函数：

$$\frac{\partial \pi_1}{\partial p} = -2(p - aq + c) = 0$$
$$\Rightarrow p = aq - c$$

代入企业 2 的利润函数，得到：

$$\pi_2 = -(q - b)^2 + p$$
$$= -(q - b)^2 + aq - c$$

求企业 2 的反应函数，得：

$$\frac{\partial \pi_2}{\partial q} = -2(q - b) + a = 0$$
$$\Rightarrow q = \frac{a}{2} + b$$

再把该价格代入企业 1 的反应函数,得:

$$p = aq - c = \frac{a^2}{2} + ab - c$$

因此,企业 2 先决策时子博弈完美纳什均衡是:企业 1 定价为 $p = \frac{a^2}{2} + ab - c$;企业 2 定价为 $q = \frac{a}{2} + b$。此时两企业的利润为:

$$\begin{aligned}\pi_1 &= -(p - aq + c)^2 + q \\ &= -\left(\frac{a^2}{2} + ab - c - a\frac{a}{2} - ab + c\right)^2 + \frac{a}{2} + b \\ &= \frac{a}{2} + b\end{aligned}$$

$$\begin{aligned}\pi_2 &= -(q - b)^2 + p \\ &= -\left(\frac{a}{2} + b - b\right)^2 + \frac{a^2}{2} + ab - c \\ &= \frac{a^2}{4} + ab - c\end{aligned}$$

(4) 因为只有先决策的利润大于后决策的利润时企业才希望先决策,所以当:

$$\frac{a^2}{4} + ab - c > ab - c$$

企业 1 希望自己先决策。这个不等式在 $a \neq 0$ 的情况下总能满足。当:

$$b > \frac{a}{2} + b$$

企业 2 希望自己先选择。这个不等式要求 $a < 0$。因此,根据上述两个不等式,只要 $a < 0$,两个企业都会希望自己先决策。如果

进一步考虑利润必须非负,那么几个参数还必须满足 $b>0$、$\dfrac{a}{2}+b>0$、$ab-c>0$ 和 $\dfrac{a^2}{4}+ab-c>0$。其中,第四个不等式在 $a\neq 0$ 并且第三个不等式成立时必然成立,前三个不等式结合上述 $a<0$,得到两个企业都希望先决策的条件是 $a<0$、$b>-\dfrac{a}{2}$ 和 $c<ab$。

9. 考虑如下的双寡头市场战略投资模型:企业 1 和企业 2 目前情况下的单位生产成本都是 $c=2$。企业 1 可以引进一项新技术使单位成本降低到 $c=1$,该项技术需要投资 f。在企业 1 作出是否投资的决策(企业 2 可以观察到)后,两个企业同时选择产量。假设市场需求函数为 $p(q)=14-q$,其中 p 是市场价格,q 是两个企业的总产量。问上述投资额 f 处于什么水平时,企业 1 会选择引进新技术?

参考答案:

分企业 1 第一阶段未引进和引进投资两种情况,每种情况都用逆推归纳法进行分析。

假设企业 1 第一阶段未投资引进新技术。此时两企业的边际成本都是 2,利润函数为:

$$\pi_1 = (14-q_1-q_2)\cdot q_1 - 2q_1$$
$$\pi_2 = (14-q_1-q_2)\cdot q_2 - 2q_2$$

求两个企业利润对各自产量的偏导数并令其为 0,得:

$$\frac{\partial \pi_1}{\partial q_1} = 14 - 2q_1 - q_2 - 2 = 0$$

$$\frac{\partial \pi_2}{\partial q_2} = 14 - 2q_2 - q_1 - 2 = 0$$

联立两个反应函数可解得纳什均衡产量为 $q_1=4$，$q_2=4$，此时企业 1 的利润为 $\pi_1=16$。

假设企业 1 第一阶段引进新技术。此时企业 1 的边际成本下降到 1，两企业的利润函数为：

$$\pi_1=(14-q_1-q_2)\cdot q_1-q_1-f$$
$$\pi_2=(14-q_1-q_2)\cdot q_2-2q_2$$

求两个企业利润对各自产量的偏导数并令其为 0，得：

$$\frac{\partial \pi_1}{\partial q_1}=14-2q_1-q_2-1=0$$

$$\frac{\partial \pi_2}{\partial q_2}=14-2q_2-q_1-2=0$$

联立两个反应函数可解得纳什均衡产量为 $q_1=\dfrac{14}{3}$，$q_2=\dfrac{11}{3}$。企业 1 的利润为 $\pi_1'=\dfrac{196}{9}-f$。

现在我们回到第一阶段，很显然只有引进新技术后得到的总利润大于未引进新技术的总利润，即 $\pi_1'=\dfrac{196}{9}-f\geqslant \pi_1=16$，即当 $f\leqslant \dfrac{52}{9}$ 时，企业 1 才会投资引进新技术。

10. 三寡头垄断市场有倒转的需求函数为 $p(Q)=a-Q$，其中 $Q=q_1+q_2+q_3$，q_i 是厂商 i 的产量。每一个厂商生产的边际成本为常数 c，没有固定成本。如果厂商 1 先选择 q_1，厂商 2 和厂商 3 观察到 q_1 后同时选择 q_2 和 q_3，问它们各自的产量是多少？

参考答案：

三个厂商的利润函数为：

第三章 完全且完美信息动态博弈习题指南

$$\pi_1 = (a - q_1 - q_2 - q_3)q_1 - cq_1$$
$$\pi_2 = (a - q_1 - q_2 - q_3)q_2 - cq_2$$
$$\pi_3 = (a - q_1 - q_2 - q_3)q_3 - cq_3$$

先分析第二阶段厂商 2 和厂商 3 的决策。它们的利润对各自产量的偏导数为 0，得：

$$\frac{\partial \pi_2}{\partial q_2} = (a - q_1 - q_3) - 2q_2 - c = 0$$

$$\frac{\partial \pi_3}{\partial q_3} = (a - q_1 - q_2) - 2q_3 - c = 0$$

联立解得厂商 2 和厂商 3 对厂商 1 产量的反应函数为：

$$q_2 = \frac{a - c - q_1}{3}$$

$$q_3 = \frac{a - c - q_1}{3}$$

再分析第一阶段厂商 1 的决策。先把上述两个厂商的反应函数代入厂商 1 的利润函数，得：

$$\pi_1 = (a - q_1 - q_2 - q_3)q_1 - c = \frac{a - q_1 + 2c}{3}q_1 - c$$

对 q_1 求偏导数，得：

$$\frac{\partial \pi_1}{\partial q_1} = \frac{a}{3} - \frac{2q_1}{3} + \frac{2c}{3} = 0$$

解得：

$$q_1 = \frac{a}{2} + c$$

代入厂商 2 和厂商 3 的反应函数，得：

$$q_2 = \frac{a-c-q_1}{3} = \frac{a-4c}{6}$$

$$q_3 = \frac{a-c-q_1}{3} = \frac{a-4c}{6}$$

因此,本博弈中厂商 1 将生产产量 $q_1 = \frac{a}{2} + c$,厂商 2 和厂商 3 生产产量 $q_2 = q_3 = \frac{a-4c}{6}$。

11. 家长和孩子进行如下动态博弈:

(1) 孩子先选择 $A(A \geqslant 0)$,自己收入 $C(A)$,家长收入 $P(A)$,其中 $C(A)$ 和 $P(A)$ 都是严格凹函数。

(2) 家长观察到收入 $C(A)$ 和 $P(A)$ 后,决定给孩子的奖励 $B(B<0$ 时为惩罚)。

(3) 孩子的效用是自己总收入的单调递增严格凹函数 $U[C(A)+B]$,家长的效用为 $V[P(A)-B]+k[C(A)+B]$,其中 $V[P(A)-B]$ 也是单调递增的严格凹函数,而线性项 $k[C(A)+B]$ 项代表家长对孩子的利他主义关心,$k>0$ 是反映家长对孩子福利关心程度的参数。请证明孩子的选择是符合全家收入 $C(A)+P(A)$ 最大化的。

参考答案:

运用逆推归纳法首先分析第二阶段家长对 B 的选择。家长的决策目标当然是使效用函数 $V[P(A)-B]+k[C(A)+B]$ 最大化。因此,求该效用函数对 B 的偏导数并令其等于 0,得:

$$\frac{\partial\{V[P(A)-B]+k[C(A)+B]\}}{\partial B} = -\frac{\partial V[P(A)-B]}{\partial[P(A)-B]} + k = 0$$

由于 V 是单调递增的严格凹函数,因此上式偏微分方程一定可解出 $P(A)-B=C_0$,其中,C_0 为某一常数。因此,家长的最优奖励为 $B=P(A)-C_0$。

再分析孩子对 A 的选择。将 $B = P(A) - C_0$ 代入孩子的效用函数,孩子的效用函数变为 $U[C(A)+B] = U[C(A)+P(A)-C_0]$。由于该效用函数是单调增函数,因此最大化该效用函数就是最大化其中的变量 $C(A)+P(A)-C_0$。进一步由于 C_0 是常数,因此最大化 $C(A)+P(A)-C_0$ 就是最大化 $C(A)+P(A)$。这就证明了上述结论。

12. 两兄弟分一块冰激凌。哥哥先提出一个分割比例,弟弟可以接受或拒绝,接受则按哥哥的提议分割,若拒绝就自己提出一个比例。但这时候冰激凌已化得只剩 $1/2$ 了。对弟弟提议的比例哥哥也可以选择接受或拒绝,若接受则按弟弟的提议分割,若拒绝冰激凌会全部化光。因为兄弟之间不应该做损人不利己的事,因此我们假设接受和拒绝利益相同时兄弟俩都会接受。求该博弈的子博弈完美纳什均衡。如果冰激凌每阶段只化掉 $1/3$,博弈的子博弈完美纳什均衡是什么?

参考答案:

根据问题,如果我们假设哥哥的方案是 $S_1 : 1-S_1$,其中 S_1 是自己的份额,弟弟的方案是 $S_2 : 1-S_1$,S_2 是哥哥的份额,那么可用如下的扩展形表示该博弈:

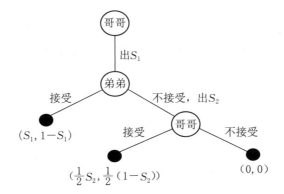

运用逆推归纳法先分析最后一阶段哥哥的选择。由于只要接受的利益不小于不接受的利益哥哥就会接受,因此在这个阶段只要弟弟的方案满足 $\frac{1}{2}S_2 \geqslant 0$,也就是 $S_2 \geqslant 0$,哥哥就会接受,否则不会接受。由于冰激凌的份额不可能是负数,因此该条件实际上必然是成立的,也就是说因为哥哥不接受弟弟的方案冰激凌会全部化掉,因此任何方案哥哥都会接受。

现在回到前一阶段弟弟的选择。由于弟弟知道后一阶段哥哥的选择方法,因此知道如果不接受前一阶段哥哥提出的比例,自己可以取 $S_2=0$,独享此时还未化掉的 1/2 块冰激凌;如果选择接受前一阶段哥哥的提议,那么自己将得到 $1-S_1$。显然只要 $1-S_1 \geqslant 1/2$,即 $S_1 \geqslant 1/2$,弟弟就会接受哥哥的提议。

再回到第一阶段哥哥的选择。哥哥清楚后两个阶段双方的选择逻辑和结果,因此他在这一阶段选择 $S_1=1/2$,正是能够被弟弟接受的自己的最大限度份额,超过这个份额将什么都不能得到,因此 $S_1=1/2$ 是最佳选择。

综上,该博弈的子博弈完美纳什均衡是:哥哥开始时就提议按 (1/2, 1/2) 分割,弟弟接受。

每阶段只化掉 1/3 的情况请读者自己分析。

13. 设在教材 3.4.3 中的无限回合议价博弈中,博弈方的贴现因子不同(博弈方 1 为 δ_1,博弈方 2 为 δ_2),请给出这种情况下的均衡结果。

参考答案:

先假设该博弈有一个逆推归纳解,其中甲和乙的得益分别为 S 和 $10\,000-S$。即甲第一回合提出 S,乙接受。根据夏克德和萨顿,从第三回合开始这个无限回合博弈的结果与从第一回合开始一样,即甲第三回合提出 S,乙接受,双方得益为 S 和 $10\,000-S$。

由于甲在第三回合的出价是最终出价,因此这个无限回合博弈相当于一个前面讨论的,甲的第三回合出价有强制力的三回合议价博弈。

用逆推归纳法,甲在第三回合会提出 S,乙只能接受,双方得益为 S 和 $10\,000-S$。这意味着甲在第三阶段得益的现在值为 $\delta_1^2 S$。

乙只要在第二回直接给甲 $\delta_1 S$,甲就会接受,而乙自己可以得到可能的最大利益为 $\delta_2(10\,000-\delta_1 S)=10\,000\delta_2-\delta_1\delta_2 S$。

再回到第一回合,甲可以直接给乙 $10\,000\delta_2-\delta_1\delta_2 S$,也就是让 $S_1=10\,000-10\,000\delta_2+\delta_1\delta_2 S$,乙会接受。

令 $S_1=S$,即 $S=10\,000-10\,000\delta_2+\delta_1\delta_2 S$,可解得 $S=\dfrac{10\,000(1-\delta_2)}{1-\delta_1\delta_2}$,$10\,000-S=\dfrac{10\,000\delta_2(1-\delta_1)}{1-\delta_1\delta_2}$。即该博弈的解是甲在第一回合出价 $S_1=\dfrac{10\,000(1-\delta_2)}{1-\delta_1\delta_2}$,乙方接受,双方得益 $S=\dfrac{10\,000(1-\delta_2)}{1-\delta_1\delta_2}$,$10\,000-S=\dfrac{10\,000\delta_2(1-\delta_1)}{1-\delta_1\delta_2}$。

14. 假设一个有 n 个厂商的寡头垄断市场有倒转的需求函数 $p(Q)=a-Q$,其中 Q 是它们的总产量。如果厂商的产出 q_i 都等于雇用的劳动力数量 L_i,并且除工资以外没有其他成本。再假设某工会是所有厂商唯一的劳动力供给者。如果先由工会决定统一的工资率 w,厂商看到 w 后同时选择雇用数量 L_i,工会的效用函数为 $(w-w_0)L$(其中 w_0 为工会成员到其他行业谋职的收入,$L=L_1+\cdots+L_n$ 为工会的总就业水平)。求该博弈的子博弈完美纳什均衡。

参考答案:

运用逆推归纳法进行分析。为了简单起见,假设劳动力雇用数是连续可分的。

第一步先求第二阶段厂商对工会工资率 w 的反应函数 $L(w)$。由于第二阶段有 n 个厂商同时选择雇用劳动力数量,因此该阶段是一个静态博弈问题。由于本博弈中每个厂商的收益取决于每个厂商的产量,每个厂商的产量则取决于雇用的劳动力数量,成本取决于工资率和雇用劳动力数量,因此每个厂商的利润都是各个厂商雇用的劳动力数量和工会决定的工资率 w 的函数,厂商 i 的利润函数是:

$$\pi_i(w; L_1, \cdots, L_n) = L_i(a - \sum_{j=1}^{n} L_j - w)$$

令 π_i 对 L_i 的偏导数为 0,得:

$$-2L_i + a - w - \sum_{j \neq i} L_j = 0$$

可解得:

$$L_i = \frac{1}{2}(a - w - \sum_{j \neq i} L_j)$$

因为本博弈中的 n 个厂商是对称的,所以 $L_1 = \cdots = L_n$,代入上式,可解得:

$$L_1 = \cdots = L_n = \frac{a - w}{n + 1}$$

所有厂商雇用劳动力的总量则为 $\dfrac{n(a - w)}{n + 1}$。这些实际上也分别是各个厂商的产量和市场总产量。

现在回到第一阶段工会的选择。由于工会了解厂商的决策方法,因此清楚对应自己的工资率 w,n 个厂商的雇用总数一定是 $L(w) = \dfrac{n(a - w)}{n + 1}$,从而工会自己的效用为:

$$(w-w_0)L = (w-w_0)\frac{n(a-w)}{n+1}$$

令上述效用函数对 w 的偏导数为 0,得:

$$\frac{n}{n+1}(a+w_0-2w)=0$$

解得:

$$w=\frac{(a+w_0)}{2}$$

因此,该博弈的子博弈完美纳什均衡是:工会选择 $w=\dfrac{(a+w_0)}{2}$,每个厂商雇用工人数量为 $\dfrac{a-w}{n+1}$。

15. 如果学生在考试之前全面复习,考好的概率为 **90%**,如果学生只复习一部分重点,则有 **50%** 的概率考好。全面复习花费的时间 $t_1=100$ 小时,重点复习只需要花费 $t_1=20$ 小时。学生的效用函数为:$U=W-2e$,其中 W 是考试成绩,有高低两种分数 W_h 和 W_l,e 为努力学习的时间。问老师如何才能促使学生全面复习?

参考答案:

　　本题中老师的调控手段是高分和低分的水平,或者高分和低分的差距,分数水平的作用与 3.5.4 节中工资奖金制度中奖金的作用相似,差别是本题中老师给学生高低分并没有成本,老师也不用考虑自己的收益或效用。

　　如果引进反映不确定性的博弈方 0,可以得到该博弈的扩展形如下:

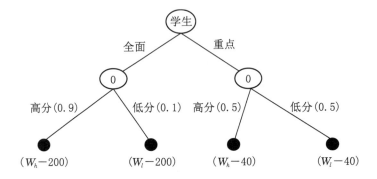

学生选择全面复习的期望得益是:

$$U_1 = 0.9 \times (W_h - 200) + 0.1 \times (W_l - 200)$$

重点复习的期望得益:

$$U_2 = 0.5 \times (W_h - 40) + 0.5 \times (W_l - 40)$$

只有当 $U_1 \geqslant U_2$ 时学生才会选择全面复习。根据 $U_1 \geqslant U_2$ 我们可以算出 $W_h - W_l \geqslant 400$,这就是老师能够有效促使学生全面复习需要满足的条件。其实在奖学金与考试成绩挂钩时,$W_h - W_l$ 也可以理解成不同等级奖学金的差额。

16. 某人正在打一场官司,不请律师肯定会输,请律师后的结果与律师的努力程度有关。假设当律师努力工作(100 小时)时有 50% 的概率能赢,律师不努力工作(10 小时)则只有 15% 的概率能赢。如果诉讼获胜可得到 250 万元赔偿,失败则没有赔偿。因为委托方无法监督律师的工作,因此双方约定根据结果付费,赢官司律师可获赔偿金额的 10%,失败则律师一分钱也得不到。如果律师的效用函数为 $m - 0.05e$,其中 m 是报酬,e 是努力小时数,且律师有机会成本 5 万元。求这个博弈的均衡。

参考答案：

这是一个努力成果不确定且不可监督的委托人-代理人博弈问题。但由于本博弈中在律师接受委托后，将按照预先约定的比例根据结果付费，因此委托人的选择比较简单，只需要选择是否提出委托。

引进表示随机性的博弈方 0，并计算出不同情况下双方的效用和利益，可以得到本博弈的扩展形如下（其中博弈方 1 是委托人，博弈方 2 是律师）：

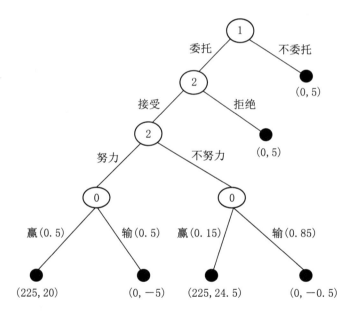

由于博弈方 0 是随机选择，因此我们直接用逆推归纳法从律师选择接受委托后是否努力工作的第三阶段开始分析。

根据努力和不努力两种情况下赢和输的概率，容易算出律师努力的期望效用是 $0.5 \times 20 + 0.5 \times (-5) = 7.5$ 万元，不努力的期望效用是 $0.15 \times 24.5 + 0.85 \times (-0.5) = 3.25$ 万元。因此，在接受委托以后,律师的唯一选择是努力。

回到第二阶段律师对是否接受委托的选择。由于接受并努力工作的期望效用 7.5 万元大于不接受委托的利益,也就是接受委托的机会成本 5 万元,因此律师肯定接受委托。

再回到第一阶段委托人的选择。由于委托人可以判断一旦自己提出委托,律师一定会选择接受并努力工作,因此自己提出委托的期望利益是 $0.5 \times 225 + 0.5 \times 0 = 112.5$ 万元,而不提出委托利益为 0。提出委托是必然的选择。

根据上述分析得到的结论是,打官司的某人提出委托,律师接受委托并努力工作,是本博弈的子博弈完美纳什均衡。

17. 上一题根据下面的情况改变后,再分别求子博弈完美纳什均衡。

(1) 律师努力工作时赢的概率改为 0.3。

(2) 赢官司时仍然是按原定比例付酬,输官司时委托人支付 20 000 元固定费用。

(3) 委托人可以选择委托合同中支付给律师的赔偿金比例。

参考答案:

(1) 如果律师努力工作时赢的概率改为 0.3,则律师努力工作的期望效用变为 $0.3 \times 20 + 0.7 \times (-5) = 2.5$ 万元,不努力的期望效用仍然为 $0.15 \times 24.5 + 0.85 \times (-0.5) = 3.25$ 万元,此时律师接受委托后会选择不努力。回到第二阶段,因为律师不努力的期望得益只有 3.25 万元,小于拒绝委托的利益 5 万元,所以律师不会接受委托。第一阶段的委托人委托和不委托结果相同,两种选择无差异。因此,此时博弈有两个子博弈完美纳什均衡:一是"委托人第一阶段选择委托,律师第二阶段选择拒绝委托,第三阶段律师选择不努力";二是"委托人第一阶段选择不委托,律师第二阶段选择拒绝委托,第三阶段律师选择不努力"。两个均衡的路径分别为:一是委托人委托-律师拒绝委托结束博弈;二是委托人直接不委托结束博弈。两条路径的结果都是(0,5)。

(2) 如果赢官司时仍然是按原定比例付酬，输官司时委托人支付 20 000 元固定费用。那么律师接受委托后努力工作的期望效用变为 $0.5\times20+0.5\times(2-5)=8.5$ 万元，不努力的期望效用变为 $0.15\times24.5+0.85\times(2-0.5)=4.95$ 万元，律师仍然会选择努力工作。回到第二阶段，由于接受委托的期望得益 8.5 万元大于不接受的 5 万元，因此律师仍然会接受委托。再回到第一阶段委托人的选择，由于委托人委托的期望利益 $0.5\times225+0.5\times(-2)=111.5$ 万元，不委托利益为 0，委托是必然的选择。因此，博弈的子博弈完美纳什均衡仍然是"委托人提出委托，律师接受委托并努力工作"。

(3) 如果委托人可以选择委托合同中支付给律师的赔偿金比例(设为 x)，此时博弈的核心问题是让律师接受委托并努力工作的激励相容问题。首先，第三阶段律师选择努力的激励相容约束条件为：努力的期望得益大于不努力的期望得益，即 $0.5\times(x\times250-5)+0.5\times(-5)>0.15\times(x\times250-0.5)+0.85\times(-0.5)$，也就是 $x>4.5/87.5=0.051\,428\,6$。其次，回到律师第二阶段选择接受委托的参与约束条件为：参与且努力的期望得益大于拒绝的得益，即 $0.5\times(x\times250-5)+0.5\times(-5)>5$，也就是 $x>10/125=0.08$。综合两个条件可以得出，只要 $x>10/125=0.08$，也就是将获得赔偿的 8% 以上作为报酬支付给律师，律师就愿意接受委托并努力工作。此时，委托人第一阶段的理性选择是委托。因此，该博弈的子博弈纳什均衡就是"委托人第一阶段委托，律师第二、第三阶段接受委托并努力工作"。

第四章　重复博弈习题指南

4.1　教材思考练习题

1. 如果 T 次重复齐威王与田忌赛马，双方在该重复博弈中的策略是什么？博弈结果如何？

参考答案：

　　齐威王与田忌赛马博弈是只有混合策略纳什均衡的严格竞争零和博弈，对一方有利的策略组合总是对另一方不利，没有一个策略组合双方同时愿意接受。根据关于两人零和博弈有限次重复博弈的结论，T 次重复该博弈时双方的策略是每次都采用原博弈的混合策略，即双方都以 1/6 的相同概率在各自的六个可选策略中随机选择。这是该重复博弈唯一的子博弈完美纳什均衡。每次博弈结果不确定，重复博弈的总得益和平均得益也不确定，但期望平均得益还是齐威王 1、田忌 －1。

2. 举出现实生活中的一个重复博弈与一次性博弈效率不同的例子。

参考答案：

　　火车站和机场餐饮商业服务的顾客往往是一次性消费的，回头客、常客比较少，这些经济交易具有一次性博弈的特征，它们的价格总是较高而质量又会差一些，顾客也会尽量不在这些地方消费。这类高流动性客户市场的商户和消费者博弈均衡通常效率很低，很难充分发挥市场潜力和提高双方的福利。与此相反，居民区餐饮商业服务的回头客和常客较多,有明显的重复博弈特征,消费者一般能得到比较公平、优惠的价格,还能得到较好的服务,甚至可以信用消费(赊账),消费者也比较愿意在这些熟悉的地方消费。所以,这些居民区的商业服务设施往往能充分挖掘市场潜力,最大限度地提高商户和消费者双方的福利。这就是现实生活中重复博弈和一次性博弈效率不同的典型例子。

3. 有限次重复博弈和无限次重复博弈有什么区别？这些区别对我们有什么启发？

参考答案:

从研究对象和问题特征看,有限次重复博弈研究的主要是有明确结束时间的关系,如已经确定拆迁日期的市场的商业竞争;无限次重复博弈研究的主要是没有明确结束时间的较长期关系,如长期经营的商店和消费者关系等。

从分析方法的角度,动态博弈和重复博弈分析中常用的逆推归纳法在无限次重复博弈中无法直接运用,因为没有最后一次重复。因此,无限次重复博弈分析的主要方法是构造法,即根据特定效率意义等构造子博弈完美纳什均衡。此外,也可以运用某些技巧解决问题,如教材中利用三阶段讨价还价博弈分析无限阶段讨价还价博弈的技巧。

从博弈的结果看,无限次重复博弈的效率往往高于有限次重复博弈,有些在有限次重复博弈中无法实现的效率较高的结果,在无限次重复博弈中有可能实现。例如,囚徒的困境型博弈的无限次重复博弈和有限次重复博弈就体现了这种差别。两类重复博弈民间定理的差异也说明了这一点。

最后,在重复次数不多的有限次重复博弈中不一定要考虑得益贴现问题,在无限次重复博弈问题中这是必须考虑的。

上述区别在理论方面对我们最主要的启发是重视有限次和无

限次重复博弈的区别,区分研究这两类博弈问题是非常重要的;在实践方面的主要启发是促进和保持经济关系的长期稳定性,对于提高社会经济效率等常常有非常重要的意义。

4. 若三次重复 2.3.1 的古诺模型,子博弈完美纳什均衡是什么?
参考答案:

2.3.1 的古诺模型是一个典型的囚徒的困境型博弈,有唯一的纯策略纳什均衡。根据关于有唯一纯策略纳什均衡的有限次重复博弈的定理,这个三次重复博弈的子博弈完美纳什均衡是:两个厂商在每次重复时都采用一次性博弈的纳什均衡,也就是 2 单位的古诺产量。

5. 分析两次重复 2.4.2 中制式问题时双方的均衡策略。
参考答案:

教材 2.4.2 中制式问题的得益矩阵如下:

厂商 2

厂商 1		A	B
	A	1, 3	0, 0
	B	0, 0	2, 2

很显然,该博弈有两个纯策略纳什均衡(A,A)和(B,B),而且两个纯策略纳什均衡相互之间没有帕累托意义上的优劣关系,厂商 1 偏好后者而厂商 2 偏好前者。本博弈还有一个混合策略纳什均衡,期望得益更低,因为有一定的概率结果是(A,B)和(B,A)。

根据重复博弈子博弈完美纳什均衡的定义,上述原博弈的两次重复博弈的子博弈完美纳什均衡有好多种,包括两次重复原博弈的纯策略纳什均衡(A,A)或(B,B),一次采用(A,A)和一次采用(B,B),此外还有重复混合策略纳什均衡,或者先后采用一次混合策略均衡和一次两个纯策略纳什均衡之一。因为上述各种策略组合都是子博弈完美纳什均衡，而且其中没有对双方都比较有利的，所以在没有更多信息的情况下，该重复博弈的结果并不能完全确定。

6. 两次重复下面的得益矩阵表示的静态博弈。如果你是博弈方 1，你会采用怎样的策略。

		博弈方 2		
		L	R	S
博弈方 1	T	3, 1	1, 0	1, 1
	M	2, 1	8, 7	12, 0
	B	1, 1	0, 11	10, 10

参考答案：

用划线法容易找出该博弈的两个纯策略纳什均衡(T, L)和(M, R)。这两个纳什均衡的得益都帕累托劣于(B, S)。一次性博弈中效率较高的(B, S)不可能实现。但该博弈的结构表明存在双方合作的利益，在两次重复博弈中也有构造惩罚机制的条件，因此我会考虑运用试探合作的触发策略争取部分实现(B, S)，提高博弈的效率。

我作为博弈方 1 会采用这样的触发策略：第一次采用 B；第二次重复时，如果前一次的结果是(B, S)，则采用 M，如果前一次的结果是其他，则采用 T。

如果另一个博弈方有同样的分析能力，或者比较有经验，那么他（或她）也会采用相似的触发策略：在第一次采用 S；第二次重复时，如果前一次的结果是(B, S)，则采用 R，否则采用 L。

双方采用上述触发策略构成一个子博弈完美纳什均衡，因此是稳定的。这时候前一次博弈实现了(B,S),提高了博弈的效率。

当然,上述触发策略也是有风险的,因为当另一个博弈方不理解和没有采用上述策略时,我的得益会较低。当然如果考虑到人们具有学习进步的能力,采用效率较低策略的博弈方在长期中会逐步淘汰掉,那么采用上述触发策略的合理性就得到了更多支持。

7. 两次重复下面这个得益矩阵表示的两人静态博弈。问能否有一个子博弈完美纳什均衡策略组合,实现第一阶段的得益是(4,4)?如能,给出双方的策略;如不能,证明为什么不能。如果策略组合(下,左)的得益改为(1,5)会发生什么变化?至少能在部分阶段实现得益(4,4)的条件是什么?

		左	中	右
博弈方1	上	3,1	0,0	5,0
	中	2,1	1,2	3,1
	下	1,2	0,1	4,4

博弈方2

参考答案:

上述静态博弈有两个纯策略纳什均衡(上,左)和(中,中)。由于策略组合(下,右)实现的得益(4,4)对博弈方2来说已是最理想的,因此博弈方2不会有偏离动机,只有博弈方1可能有偏离动机,因此可以设计如下制约博弈方1行为的触发策略。

博弈方1:第一阶段采取下;第二阶段采取上。

博弈方2:第一阶段采取右;第二阶段,如果第一阶段的结果是(下,右),则采取左,否则采取中。

不难验证该策略组合是一个子博弈完美纳什均衡,其中第二阶段采用(上,左)相当于是对博弈方1的奖励,采用(中,中)则相当于对博弈方1的惩罚。

将(下,左)的得益改为(1,5)情况会发生质变。因为此时第一阶段两博弈方都有偏离(下,右)的动机,而上述博弈中又不存在在同一个阶段中同时对两个博弈方惩罚或奖励的纳什均衡,所以重复两次时不可能存在子博弈完美纳什均衡部分实现得益(4,4)。

至少在部分阶段实现得益(4,4)的条件是重复博弈的次数达到三次或以上,或者得益进一步改变到(下,右)是原博弈的纳什均衡。

8. 求出下列得益矩阵表示的静态博弈的纳什均衡,并说明有限次和无限次重复该博弈时两博弈方的均衡策略。

博弈方2

		L	R
博弈方1	T	8, 6	4, 10
	M	4, 8	6, 4
	D	2, 0	0, 2

参考答案:

首先很容易看出,博弈方1的D策相对于T策和M策都是严格下策,因此可以消去。消去博弈方1的D策后四个策略组合中不存在纯策略纳什均衡。根据混合策略纳什均衡的计算方法,不难算出混合策略纳什均衡为:博弈方1以概率分布(1/2, 1/2)在T和M中随机选择,博弈方2则以概率分布(1/3, 2/3)在L和R中随机选择。

由于上述静态博弈是没有纯策略纳什均衡的严格竞争博弈,因此在有限次重复博弈和无限次重复博弈中,两博弈方的均衡策略都是简单重复原博弈的混合策略纳什均衡。

4.2 补充练习题

1. 判断下列表述是否正确,并作简单讨论。

(1) 多次进行同一个博弈就是重复博弈。

(2) 有限次重复博弈的子博弈完美纳什均衡每次重复采用的都是原博弈的纳什均衡。

(3) 重复博弈的总得益等于阶段博弈的得益乘以重复次数。

(4) 有限次重复博弈子博弈完美纳什均衡的最后一次重复必定是原博弈的一个纳什均衡。

(5) 无限次重复博弈均衡解的得益一定优于原博弈均衡解的得益。

(6) 无限次重复古诺产量博弈不一定会出现合谋生产垄断产量的现象。

(7) 如果博弈重复无限次或每次结束的概率足够小,而得益的时间贴现率 δ 充分接近 1,那么任何个体理性的可实现得益都可以作为子博弈完美纳什均衡的结果出现。

(8) 触发策略所构成的均衡都是子博弈完美纳什均衡。

参考答案:

(1) 不正确。并非所有多次进行同一个博弈都是重复博弈。首先,博弈论中的重复博弈指同样的博弈方(参与者)重复进行同一个博弈,不同博弈方重复进行同一个博弈则不算。其次,博弈论中的重复博弈是指所有博弈方都预先意识到博弈会多次重复进行,而且把整个多次重复的博弈过程作为整体进行策略选择的多次博弈问题。如果博弈方没有事先意识到博弈会反复进行,而且将多次反复的整个过程作为整体考虑总体策略问题,而是每次博弈都作为独立的博弈进行策略选择,则不是博弈理论中讨论的重复博弈,只是博弈的简单重复。

(2) 错误。对于有两个或以上纯策略纳什均衡博弈的有限次重复博弈，子博弈完美纳什均衡在前面某些次重复时采用的可以不是原博弈的纳什均衡，如许多包含触发策略的例子。

(3) 错误。只有重复博弈的每个阶段（每次重复）都采用相同策略，且不考虑后面阶段得益贴现问题的有限次重复博弈的总得益才等于单阶段博弈得益乘重复次数。但重复博弈中每阶段博弈的策略不一定相同，而且重复博弈，特别是无限次重复博弈，必须考虑不同阶段得益的时间贴现问题，因此很多重复博弈的总得益不是简单的单阶段得益乘重复次数。

(4) 正确。因为最后一次重复就是动态博弈的最后一个阶段，根据子博弈完美纳什均衡的要求，博弈方在该阶段的选择必须构成纳什均衡。因为最后一次重复就是原博弈本身，所以该纳什均衡就是原博弈的一个纳什均衡。

(5) 错误。对于严格竞争的零和博弈，或者不满足合作条件的其他许多博弈来说，无限次重复博弈并不意味着效率的提高，得益不一定高于原博弈的得益。

(6) 正确。在无限次重复古诺产量博弈时出现合谋生产垄断产量的均衡是有条件的，主要是厂商对长远利益的重视程度（由远期利益的贴现率反映）必须足够强。

(7) 正确。这正是无限次重复博弈民间定理的结论。

(8) 错误。触发策略本身并不能排除重复博弈中不可信的威胁或承诺，因此由触发策略构成的均衡并不一定是子博弈完美纳什均衡。

2. 设静态博弈 G 有唯一的纳什均衡。请证明有限次重复该博弈唯一的子博弈完美均衡是每个博弈方在每个阶段都采用 G 的纳什均衡策略。

参考答案：

用逆推归纳法。首先分析最后一次重复 G 博弈。此时因为没有后续博弈,所以 G 的唯一纳什均衡策略是理性博弈方的必然选择。再倒推回倒数第二次重复,理性的博弈方都知道不管此时如何选择,最后一次重复博弈时双方都会采用 G 的唯一纳什均衡,因此此时的选择与最后一次重复没有区别,最佳策略也是纳什均衡策略。依次类推,每个博弈方每个阶段的唯一选择都是采用 G 的唯一纳什均衡策略。而逆推归纳法得出的动态博弈、重复博弈策略组合在每个子博弈中都是纳什均衡,不包含不可信的行为选择,因此构成子博弈完美纳什均衡。得证。

3. 试分析三次重复下列得益矩阵所表示两人对称静态博弈的均衡和效率。

		博弈方 2		
		A	B	C
博弈方 1	A	1, 1	5, 0	0, 0
	B	0, 5	4, 4	0, 0
	C	0, 0	0, 0	3, 3

参考答案:

上述两人对称静态博弈有两个纯策略纳什均衡(A,A)和(C,C),得益分别为(1,1)和(3,3)。但在这个博弈中总体效率更高的是另一个非纳什均衡的策略组合(B,B)。在一次性博弈中,该博弈较理想的结果是双方采用纳什均衡(C,C)。

三次重复该博弈的子博弈完美纳什均衡有很多种,包括每次采用同一个纳什均衡或者轮流采用不同的纳什均衡,但其中效率最高的是如下触发策略构成的子博弈完美纳什均衡。

博弈方 1:第一次博弈选择 B;第二次重复,如果第一次结果为(B,B),则第二次继续选择 B,否则选择 A;第三次重复,如果前两次结果都为(B,B),则第三次选择 C,否则选择 A。

博弈方 2:同博弈方 1 策略。

不难验证上述策略组合构成该重复博弈的子博弈完美纳什均衡。均衡路径为前两次都采用策略组合(B,B),第三次是纳什均衡(C,C),双方总得益都是 11,比简单重复原博弈的纳什均衡更高。

4. 若 10 次重复导论中图 1.9 的先来后到博弈,子博弈完美纳什均衡是什么?

参考答案:

导论中图 1.9 的先来后到博弈的扩展形表示如下:

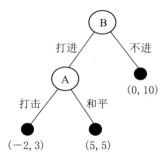

该动态博弈一次性博弈的子博弈完美纳什均衡是 B 打进而 A 和平,双方各得 5 单位的得益。

对 10 次重复博弈,可以用逆推归纳法进行分析。在最后一次,也就是第 10 次重复时,如果 B 已经打进,那么因为 A 和平的得益高于打击的得益,因此他会选择和平。B 可以预料 A 的上述选择,因此会选择打进。回到第 9 次重复,因为第 10 次重复的双方策略都是无条件的,不会受到该次重复中双方选择的影响,因此两个厂商仍然都会选择本次重复的最优策略,A 的选择仍然是和平,B 仍然是打进。以此类推,不难发现这个 10 次重复博弈的子博弈完美纳什均衡就是重复原博弈的子博弈完美纳什均衡。这实际上就是有名的"连锁店悖论"。

5. 一个厂商有许多顾客。每个顾客可能只买一次或有限次该厂商的商品,但厂商与顾客总体的交易可以看作无限次重复的。在博弈的每一个阶段,厂商选择销售商品的质量,顾客选择是否购买。如果双方的得益如下列矩阵所示,顾客决定是否购买时不知道所买产品的质量,但知道所有以前的顾客购买产品的质量。请问在什么情况下厂商会始终只销售高质量的商品。

		顾客	
		买	不买
厂商	高质量	1, 1	0, 0
	低质量	2, −1	0, 0

解答提示:
　　本题关键要回答当反映长期利益重要程度的贴现率 δ 达到什么水平时,厂商始终选择高质量构成一个合理的子博弈完美纳什均衡。

参考答案:
　　由于假设顾客与厂商选择前都不知道对方的选择,因此原博弈是一个静态博弈。不难看出,阶段博弈唯一的纳什均衡是(低质量,不购买),双方得益(0,0)。效率高的(高质量,买)不是纳什均衡,因此一次性博弈的结果是不理想的。

　　在无限次重复博弈中,我们构造下列触发策略组合。

　　厂商策略: 第一阶段销售高质量商品;如果以前阶段一直销售高质量商品且顾客总是购买,则继续销售高质量商品,否则销售低质量商品。

顾客策略：第一个顾客选择购买；第二个及以后的顾客的选择是，如果厂商以前未卖过低质量商品则买，否则不买。

首先分析厂商的策略。给定消费者的策略，如果厂商销售低质量商品，可以得到 2 单位短期利润，但以后每阶段利润均为 0，因为顾客不再购买；如果厂商总是卖高质量商品，则每一阶段都得到 1 单位利润。设厂商长期利益的贴现率为 δ，那么当：

$$1\times(1+\delta+\delta^2+\cdots)=\frac{1}{1-\delta}\geqslant 2$$

也就是 $\delta\geqslant 1/2$ 时，厂商会始终销售高质量商品，否则就会一开始就销售低质量商品。如果以前曾经销售过低质量商品，那么因为顾客不会再购买，所以永远销售低质量商品是不合理的。这说明贴现率 $\delta\geqslant 1/2$ 是给定顾客的策略时，厂商采用上述触发策略的关键。

现在分析顾客的策略。因为 $\delta\geqslant 1/2$ 不成立时厂商不会坚持上述触发策略，所以我们直接假定它成立。由于每个顾客进行的不是重复博弈，因此顾客关心的仍然是当前得益，预期本阶段商品高质量会购买，否则不购买，也不需要考虑贴现率问题。先讨论第一阶段顾客的选择。根据厂商的策略，厂商第一阶段会销售高质量商品，因此该阶段顾客应该选择买。再考虑以后各阶段顾客的选择。给定厂商的策略，如果其以前未销售过低质量商品，它就会继续销售高质量商品，顾客应该买；如果其曾卖过低质量商品，肯定会继续卖低质量商品，顾客应选择不买。

因此，在这个厂商和顾客群体之间的无限次重复博弈中，只要厂商远期利益的贴现率 $\delta\geqslant 1/2$，那么上述触发策略组合就是一个子博弈完美纳什均衡，厂商会坚持卖高质量商品。$\delta\geqslant 1/2$ 正是本题要找的关键条件。

6. 为什么消费者偏好去大商店买东西而不太信任走街串巷的小商贩？

参考答案：

大商店与消费者群体之间有上一题博弈模型描述的重复博弈关系。根据上一题分析结论可知，虽然个别消费者不一定能对商店以往售出商品的质量作出反应，但消费者群体肯定可以作出反应，因此大商店保持高质量符合自己的长期利益，一般会自觉保证质量，从而消费者也比较可以信任大商店的商品。

对于走街串巷的小商贩，无论是个别消费者还是消费者群体，与他们的博弈可能都是一次性而非重复的，因此消费者无法对他们售出商品的质量作出反应，从而也就缺乏保证小商贩商品质量的机制，消费者当然不太可能信任走街串巷小商贩的商品质量，除非是常年在同一地点推销的小商贩。

7. 在下列囚徒的困境博弈的重复博弈中，如果贴现因子 $\delta = 1$，问两博弈方都采用"开始时不坦白，第 t 阶段则采用对方第 $t-1$ 阶段策略"的"以牙还牙"策略，是否构成子博弈完美纳什均衡。

		囚徒 2 坦白	囚徒 2 不坦白
囚徒 1	坦白	−5, −5	0, −8
囚徒 1	不坦白	−8, 0	−1, −1

参考答案：

我们分有限次重复博弈和无限次重复博弈两种情况讨论。

首先讨论有限次重复博弈。上述囚徒的困境博弈的一次性博弈有唯一的纯策略纳什均衡（坦白，坦白）。根据关于囚徒的困境型博弈有限次重复博弈的一般结论，有限次重复博弈唯一的子博弈完美纳什均衡是始终采用原博弈的纳什均衡（坦白，坦白），因此上述"以牙还牙"策略肯定不是子博弈完美纳什均衡。

再分析无限次重复博弈。首先由于贴现因子 $\delta=1$，因此只要不是从某阶段后得益都为 0，两个博弈方长期总得益的现在值肯定都是无穷大，只能根据平均得益进行分析。假设囚徒 1 采用了"以牙还牙"这种策略，我们分析一下囚徒 2 应该采用、坚持还是偏离这种策略。由于从任一阶段开始偏离情况都是相同的，因此我们不妨设囚徒 2 从第一阶段开始就考虑是否偏离。如果囚徒 2 坚持，那么长期中每阶段的平均得益是 -1；假如第一阶段就偏离，单独采取"坦白"，那么该阶段能获得 0，但第二阶段囚徒 1 也会"坦白"，如果囚徒 2 第二阶段仍然"坦白"，则得益 -5，而且还会导致囚徒 1 第三阶段继续报复，如果囚徒 2 第二阶段改"不坦白"，则将得到 -8，总之前两个阶段平均得益明显小于 -2.5。第二阶段以后的选择与前面相同。因此，给定囚徒 1 采用了上述"以牙还牙"策略，囚徒 2 在第一阶段采用和坚持这种策略符合自己的最大利益。以次类推，囚徒 2 每阶段都坚持这种策略都是符合自己利益的。由于两个囚徒的情况相同，因此在囚徒的困境博弈的无限次重复博弈中，双方都采用上述"以牙还牙"策略确实构成子博弈完美纳什均衡。

事实上，$\delta=1$ 时实现双方合作结果的子博弈完美纳什均衡有许多种。读者不妨自己构造一两种并进行分析。

8. 如果上一题中策略组合（不坦白，不坦白）的得益数组改为（-4.5，-4.5），上述"以牙还牙"策略是否是子博弈完美纳什均衡。

参考答案：

首先，策略组合（不坦白，不坦白）的得益数组改为（-4.5，-4.5），等于一次性博弈是进行如下得益矩阵表示的静态博弈：

		囚徒 2	
		坦白	不坦白
囚徒 1	坦白	−5, −5	0, −8
	不坦白	−8, 0	−4.5, −4.5

此时这个静态博弈仍然是有唯一纯策略纳什均衡(坦白,坦白),因此这个博弈的有限次重复博弈的子博弈完美纳什均衡仍然只有每次都重复(坦白,坦白),上一题包含"不坦白"选择的"以牙还牙"策略肯定不是子博弈完美纳什均衡。

在无限次重复博弈中,假设囚徒 1 采用了上述"开始时不坦白,第 t 阶段采用对方第 $t-1$ 阶段策略"的"以牙还牙"策略,分析囚徒 2(从第一阶段开始)会采用还是偏离这种策略。如果囚徒 2 也坚持采用这种策略,那么长期中每阶段平均得益是 −4.5;假如第一阶段就偏离,单独采取"坦白",该阶段得益 0。但第二阶段囚徒 1 也会"坦白",如果囚徒 2 第二阶段仍然"坦白"得益 −5,还会导致囚徒 1 第三阶段继续报复,如果囚徒 2 第二阶段改"不坦白",则将得到 −8。所以前两阶段平均得益明显小于 −2.5 但大于 −4。以后阶段的选择与前面相同。因为给定囚徒 1 采用"以牙还牙"策略情况下,囚徒 2 也坚持这种策略平均得益为 −4.5,小于第一阶段偏离这种策略的两阶段平均利益(至少 −4),因此囚徒 2 会选择偏离"以牙还牙"策略。囚徒 1 的情况相同。所以这种"以牙还牙"策略不是本博弈的子博弈完美纳什均衡。

9. 如果两个厂商的价格博弈中,都采用垄断价格(合作)各自得到垄断利润的一半,一个厂商单独略微削价则可独得全部垄断利润,恶性竞争(价格一直降到边际成本)则利润都为 **0**。请问:

(1) 如果它们进行的是无限次重复博弈,双方合作的条件是什么?

(2) 这种无限次重复价格博弈的子博弈完美纳什均衡是不是唯一的?

解答提示:

该题的关键也是找保证双方合作是子博弈完美纳什均衡的贴现因子 δ。先构造触发策略,然后确定 δ 的范围。

参考答案:

(1) 我们先构造如下双方对称的包含合作的触发策略:在第一阶段采用垄断价格;在第 t 阶段,如果前 $t-1$ 阶段双方都是垄断价格,则继续采用垄断价格,否则永远进行恶性竞争。

只需分析两个厂商中任意一个的选择。假设另一个厂商采用了上述策略,那么这时候考察厂商坚持该策略可长期得到垄断利润的一半 $\pi_m/2$;如果考察厂商偏离上述策略,单独降价,当期可获得全部垄断利润 π_m,以后各期则因为恶性竞争而利润为 0。如果贴现因子为 δ,那么只要:

$$\frac{\pi_m}{2} \cdot (1+\delta+\delta^2+\cdots) \geqslant \pi_m$$

也就是 $\delta \geqslant 1/2$,考察厂商坚持合作,始终采用垄断价格是正确的选择。由于两厂商是对称的,因此当 $\delta \geqslant 1/2$ 时,双方采用上述触发策略构成这个重复博弈的一个子博弈完美纳什均衡。$\delta \geqslant 1/2$ 就是两厂商在无限次重复博弈中合作的条件。

(2) 其实当 $\delta \geqslant 1/2$ 时,两个厂商可以在边际成本到垄断价格之间的任何价格水平上实现合作。因为我们不难以这些价格为基础构造同样的触发策略,而且证明 $\delta \geqslant 1/2$ 时是子博弈完美纳什均衡。因此,这种重复博弈的子博弈完美纳什均衡显然不是唯一的。不过,由于在非垄断价格上合作的双方利润小于在垄断价格上合作的利润,因此其他均衡的意义并不大。

10. 利用上一题的重复价格博弈模型论证，一个寡头市场上的寡头数量越多，越不容易维持垄断高价。

参考答案：

假设上一题重复价格博弈模型的厂商改为 n 个，不难证明所有厂商在垄断价格上合作的触发策略是子博弈完美纳什均衡的条件是：

$$\frac{\pi_m}{n}(1+\delta+\delta^2+\cdots) \geqslant \pi_m$$

即 $\delta \geqslant \dfrac{n-1}{n}$。很显然，随着 n 的增大，贴现率的临界值也越来越大，满足这个条件的难度也越来越大，在垄断价格上合作的触发策略是子博弈完美纳什均衡的可能性越来越小，维持垄断高价必然越来越困难。结论得证。

11. 假设两寡头古诺产量博弈的市场需求 $P=130-Q$，双方边际成本为 $c=30$ 且都没有固定成本，贴现因子 $\delta=0.9$。如果该市场有长期稳定性，问两个厂商能否维持垄断产量？

解答提示：

因为市场有长期稳定性，所以可以把两寡头之间的产量博弈看作无限次重复博弈，讨论能否构造双方在垄断产量上合作的子博弈完美纳什均衡。

参考答案：

首先分析上述产量博弈的一次性博弈的纳什均衡。根据假设，两厂商的利润函数为：

$$\pi_1 = (130-q_1-q_2)q_1 - 30q_1$$
$$\pi_2 = (130-q_1-q_2)q_2 - 30q_2$$

利用反应函数法不难求出纳什均衡产量(古诺产量)为：

$$q_1 = q_2 = \frac{100}{3}$$

此时两厂商的利润为：

$$\pi_1 = \pi_2 = \frac{10\,000}{9}$$

现在分析垄断产量。市场总利润函数是：

$$\pi = (130 - Q) \cdot Q - 30Q$$

很容易求得市场总利润最大化的总产量是：

$$Q_m = 50$$

垄断利润为：

$$\pi_m = (130 - Q_m) \cdot Q_m - 30Q_m = 2\,500$$

由于市场是长期稳定的，因此我们把两个厂商的产量博弈看作无限次重复博弈。假设两个厂商都采用开始时生产垄断产量的一半，一旦一方偏离就永远生产古诺产量的触发策略。这样如果两个厂商都坚持合作，那么两个厂商每阶段各得 1 250，长期总利润的现在值是：

$$1\,250(1 + \delta + \delta^2 + \cdots) = \frac{1\,250}{1 - \delta} = 12\,500$$

如果有一个厂商（设为厂商 1）偏离，那么因为它的利润函数为：

$$\pi_1 = (130 - 25 - q_1) \cdot q_1 - 30q_1$$

因此它会生产产量：

$$q_1 = 37.5$$

其当前阶段利润为：

$$\pi_1 = 67.5 \times 37.5 - 30 \times 37.5 = 1\,406.25$$

而此后每阶段都只能生产古诺产量和得到利润 10 000/9。因此偏离的长期总利润现在值为：

$$1\,406.25 + \frac{10\,000}{9} \times (\delta + \delta^2 + \cdots)$$
$$= 1\,406.25 + \frac{10\,000}{9} \times \frac{0.9}{1-0.9}$$
$$= 11\,406.25$$

因为 12 500＞11 406.25，所以坚持垄断产量显然是正确的选择。这说明在模型假设下，双方都采用上述触发策略是本博弈的子博弈完美纳什均衡，长期维持垄断产量是可能的。

12. 如果上一题厂商 1 的边际成本改为 10，厂商 2 的边际成本仍然是 30。假设该市场仍然是长期稳定的，而且两个厂商之间已经达成厂商 1 生产 3/4，厂商 2 生产 1/4 的垄断产量分配协议，问这种协议是否能够长期维持？

参考答案：

首先求一次性产量博弈的纳什均衡产量。两个厂商的利润函数为：

$$\pi_1 = (130 - q_1 - q_2)q_1 - 10q_1$$
$$\pi_2 = (130 - q_1 - q_2)q_2 - 30q_2$$

用反应函数法，不难求得纳什均衡产量为：

$$q_1 = \frac{140}{3},\ q_2 = \frac{80}{3}$$

此时两个厂商的利润分别为 19 600/9 和 6 400/9。

再计算垄断产量和相应的利润。市场总利润函数为：

$$\pi = (130 - Q)Q - \frac{3}{4} \times 10 \times Q - \frac{1}{4} \times 30 \times Q$$
$$= (130 - 15)Q - Q^2$$

可以求出利润最大化的总垄断产量是 57.5。按分配协议两个厂商分别占 43.125 和 14.375，各自利润为 2 695.312 5 和 610.937 5。

假设两个厂商采用与上一题相似的触发策略。那么如果两个厂商都不偏离触发策略，长期总利润的现在值分别为：

$$\frac{2\,695.312\,5}{1-\delta} = 26\,953.125$$

$$\frac{610.937\,5}{1-\delta} = 6\,109.375$$

如果厂商 1 偏离垄断产量的份额，那么因为：

$$\pi_1 = (130 - 14.375 - q_1)q_1 - 10q_1$$

所以该阶段厂商 1 会生产 $q_1 = 52.812\,5$，得到利润 $\pi_1 = 2\,789.16$。但此后所有阶段都只能生产古诺产量，得到利润 19 600/9。因此，长期中总利润的现在值是：

$$2\,789.16 + \frac{19\,600}{9} \times (\delta + \delta^2 + \cdots)$$
$$= 2\,789.16 + \frac{19\,600}{9} \times \frac{0.9}{1 - 0.9}$$
$$= 22\,389.16$$

因为 26 953.125 > 22 389.16，厂商 1 不会选择偏离垄断产量份额。

如果厂商 2 偏离垄断产量的份额，那么因为：

$$\pi_2 = (130 - 43.125 - q_2)q_2 - 30q_2$$

所以厂商 2 该阶段会生产 $q_2 = 28.437\,5$，得到利润 $\pi_2 = 808.691\,406\,3$。但此后所有阶段都只能生产古诺产量，得到利润 6 400/9。因此，长期中总利润的现在值为：

$$808.691\,4 + \frac{6\,400}{9} \times (\delta + \delta^2 + \cdots)$$

$$= 808.691\,4 + \frac{6\,400}{9} \times \frac{0.9}{1-0.9}$$

$$= 7\,208.691\,4$$

因为 $7\,208.691\,4 > 6\,109.375$，所以厂商 2 必然会偏离垄断产量份额。

根据上面的分析可以看出，双方根据协议的份额生产垄断产量不是该无限次重复博弈的子博弈完美纳什均衡，因此这种协议是肯定不可能长期维持的。

13. 两个人合作开发一项产品，能否成功与两个人的工作态度有关，设成功概率如下：

	B 努力	B 偷懒
努力	9/16	3/8
偷懒	3/8	1/4

再假设成功时每人有 4 单位利益，失败则双方都没有利益，偷懒本身有 1 单位利益。问该博弈无限次重复博弈的均衡是什么？

参考答案：

根据问题的假设，该博弈的得益矩阵如下：

	B 努力	B 偷懒
努力	9/4, 9/4	3/2, 5/2
偷懒	5/2, 3/2	2, 2

一次性博弈是一个明显的囚徒的困境型博弈,唯一的纳什均衡是两个人都偷懒,双方的期望得益都是2。

在无限次重复博弈中,假设双方为了在共同努力方面实现合作采取如下的触发策略:开始时努力,一旦发现对方不努力,则自己也偷懒。我们可以分析当贴现因子δ符合什么条件时,该策略组合构成子博弈完美纳什均衡,因而会是双方的最佳选择。

我们假设A已采用这种策略,讨论B也采用这样的策略是否符合自己的最佳利益。如果B采用这种触发策略,那么每次都能得到9/4,长期总得益的现在值为:

$$\frac{9}{4}(1+\delta+\delta^2+\cdots)=\frac{9}{4(1-\delta)}$$

如果B偏离这种策略,那么能够得到一次5/2,以后每次都只能得到2,长期总得益的现在值是:

$$\frac{5}{2}+2\times(\delta+\delta^2+\cdots)=\frac{1}{2}+\frac{2}{(1-\delta)}$$

当满足:

$$\frac{9}{4(1-\delta)}\geq\frac{1}{2}+\frac{2}{(1-\delta)}$$

也就是$\delta\geq 1/2$时,B采用这种触发策略是正确的,否则偏离是合理的。

由于两个博弈方情况相同,因此结论应该是:当$\delta\geq 1/2$时,两个博弈方都采用上述触发策略是本博弈的子博弈完美纳什均衡。如果$\delta<1/2$,则上述触发策略组合不是子博弈完美纳什均衡,两个人都会采取偷懒策略。

14. 博弈方甲和博弈方乙进行一个两阶段博弈,两个阶段分别是下列得益矩阵所示的静态博弈。请问:

(1) 在一次性博弈中双方各会采取什么策略?

(2) 如果这个两阶段博弈要无限次重复下去双方又会采取什么样的策略?

		乙				乙	
		L_1	R_1			L_2	R_2
甲	U_1	2, 2	−1, 3	甲	U_2	6, 4	3, 3
	D_1	3, −1	0, 0		D_2	3, 3	4, 6

参考答案:

(1) 一次性博弈是两阶段都有同时选择的动态博弈,可以用逆推归纳法分析。首先,第二阶段的静态博弈有两个纯策略纳什均衡(U_2,L_2)和(D_2,R_2),还有一个混合策略纳什均衡,两博弈方都以$(1/2,1/2)$的概率分布在自己的两个策略中随机选择。三个纳什均衡的得益和期望得益分别为$(6,4)$、$(4,6)$和$(4,4)$。从效率角度混合策略纳什均衡最差,但由于两个纯策略纳什均衡没有帕累托意义上的优劣关系,两博弈方各自偏好不同的均衡,因此两博弈方更可能采用混合策略纳什均衡,除非他们之间有其他的默契。

再分析第一阶段的静态博弈。不难发现这个静态博弈是典型的囚徒的困境型博弈,唯一的纳什均衡是(D_1,R_1),双方得益是$(0,0)$。

该博弈的一次性博弈中,双方的策略是第一阶段采用前一个静态博弈唯一的纯策略纳什均衡(D_1,R_1),第二阶段则采用第二个博弈的混合策略。

(2) 由于这个两阶段博弈中两个博弈方两阶段的策略之间是独立的,没有制约关系,而且无论第一阶段博弈结果如何都要进行第二阶段博弈,因此无限次重复博弈比较简单的分析思路,是把该重复博弈理解成原博弈两个阶段博弈各自无限次重复博弈的叠加,分别讨论博弈方在两个重复博弈中的策略。这相当于分两部分构造整个博弈的无限次重复博弈策略。

先分析第一阶段静态博弈的无限次重复博弈。已知第一阶段博弈是囚徒的困境型博弈,有唯一的纯策略纳什均衡(D_1, R_1)。这种类型的无限次重复博弈在教材中早已作过分析,上一题也是这样的问题。运用相同的分析思路不难得出结论,只要贴现因子 $\delta \geqslant 1/3$(这通常都成立),那么双方都采用"先采用合作的 U_1 或 L_1,一旦发现对方偏离合作,即采用 R_1 或 D_1,则也不合作,采用 D_1 或 R_1"的触发策略,构成这部分重复博弈的子博弈完美纳什均衡。结果是双方每阶段都采用(U_1, L_1),得益为理想的(2, 2)。如果 $\delta < 1/3$,上述触发策略当然不构成子博弈完美纳什均衡,无限次重复博弈也无法摆脱囚徒的困境。(读者可自行对上述触发策略和 δ 的临界值作一些推导。)

第二阶段静态博弈无限次重复博弈双方的策略其实很简单。对双方来说效率都比较高,而且也是比较公平的子博弈完美纳什均衡是双方采用轮换策略,包括先采用(U_2, L_2)和先采用(D_2, R_2)两种可能性。如果贴现因子比较大(接近 1),先采用哪个均衡差别很小,如果贴现因子比较小,那么先采用哪个均衡差别会大一些,但在没有其他信息的情况下,我们无法判断哪个均衡应该先被采用。

综合上述分析可以得出结论,在通常情况 $\left(\delta \geqslant \dfrac{1}{3}\right)$ 下,上述两阶段博弈的无限次重复博弈中,两博弈方对第一阶段静态博弈都采用触发策略,而对第二阶段静态博弈采用轮换策略,是实现最理想结果的子博弈完美纳什均衡。

还可以进一步讨论通常不大会出现的 $\delta < \dfrac{1}{3}$ 的情况下无限

次重复博弈的情况。在这种情况下,上述分两部分的策略不再是子博弈完美纳什均衡,如果仍按分两部分构造策略的思路肯定无法在第一阶段实现合作。为此我们讨论利用第二阶段博弈(的纳什均衡)作为报复机制构造触发策略的可能性。根据该思路我们构造如下双方共同的触发策略:开始时第一阶段采用 U_1(或 L_1),第二阶段采用轮换策略,一旦发现对方第一阶段偏离合作,即第一阶段采用 R_1(或 D_1),那么在第一阶段一直采用 D_1(或 R_1),而且在第二阶段一直采用 U_2(或 L_2)。首先可以肯定上述双方策略中用于报复的策略组合是纳什均衡,符合有效报复机制的基本条件;其次如果某个博弈方单独偏离,那么不仅要损失第一阶段合作的长期利益,而且还会因为在第二阶段的重复博弈中只能接受不利于自己的纳什均衡,失去轮换策略的较大利益,因此偏离对两个博弈方来说一般更不可能是好的选择(δ 的临界值更小)。这种触发策略在更低的 δ 水平上实现了第一阶段合作的子博弈完美纳什均衡结果。(读者可自行推导这里的 δ 临界值)。

15. 重复博弈在哪些情况下无法促进博弈方合作和提高博弈效率?在哪些情况下可以?

参考答案:

重复博弈能否促进博弈方合作和提高博弈效率,主要取决于原博弈的结构和重复博弈次数。具体有如下几种情况。

(1) 零和博弈或其他严格竞争博弈的有限次和无限次重复博弈,都不可能产生比一次性博弈更理想的结果,博弈方的唯一选择是始终采用原博弈的混合策略纳什均衡策略,因为重复博弈不会改变博弈方之间的利益对立关系。在这种情况下,重复博弈并不能促进博弈方的合作和改善博弈效率。

(2) 有唯一纯策略纳什均衡博弈的有限次重复博弈也不比一次性博弈的结果理想,因为唯一的子博弈完美纳什均衡是各博弈方每次重复都采用原博弈的纳什均衡。这种情况一般也不能改善博弈效率。当然重复次数较多时上述结论有一些疑问,与实验结果也不尽一致,重复囚徒的困境博弈和连锁店博弈就是这方面的悖论。

(3) 有唯一纯策略纳什均衡博弈的无限次重复博弈中,如果存在潜在的合作利益,那么当未来利益很重要(δ 较大)时,通常能由触发策略构成某种子博弈完美纳什均衡实现这种利益,无限次重复博弈的民间定理进一步说明任何程度的合作都能找到子博弈完美纳什均衡路径加以实现。这种情况往往能促进博弈方合作和改善博弈效率。

(4) 有多个纯策略纳什均衡博弈的重复博弈,不管是有限次重复还是无限次重复博弈,都有可能实现一次性博弈无法实现的潜在合作利益,有限次重复博弈的民间定理进一步说明任何程度的合作都能找到子博弈完美纳什均衡路径加以实现。在这种情况下通常能改善博弈效率。

第五章 完全但不完美信息动态博弈习题指南

5.1 教材思考练习题

1. 举出现实生活和经济中完全但不完美信息动态博弈的例子,并用扩展形加以表示。

解答提示:

完全但不完美信息动态博弈的基本特征是:信息不充分可以理解成部分博弈方不能观察到其他博弈方的行为。例如,消费者难以完全了解厂商生产产品的过程是否真材实料,用人单位无法充分掌握应聘者在学校学习情况好坏等。完全但不完美信息动态博弈扩展形表示的关键是用多节点信息集表示不完美信息。

参考答案:

例如,某企业招聘一名员工,某应聘者清楚自己真实的素质能力(教育)是否符合招聘职位要求,而企业不完全清楚。该应聘者可以选择应聘或不应聘,如果应聘则由企业决定是否录用。这个问题可以用完全但不完美信息博弈模型分析。

假设这名应聘者不应聘则其和企业都没有利益也没有损失;假设应聘者应聘被录用的利益为 W,不被录用的利益为 0,应聘者素质能力可以胜任职位时不需要培训(伪装),而不能胜任职位时则需要培训(伪装),成本为 C;假设企业录用到能胜任工作的员工利益为 V,录用到不能胜任工作的员工要损失 P。则该博弈可以用如下扩展形表示。

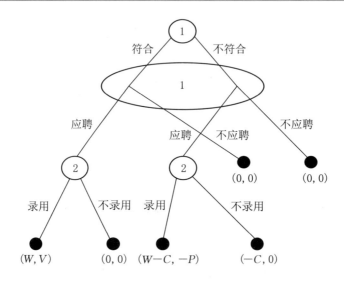

2. 举出现实中昂贵的承诺的例子。

参考答案：

现实生活中厂商对消费者作出的"假一罚十""无理由退货""终身保修制度"等承诺，以及有些行业协会实行质量保证金制度等，都是现实中通过昂贵的承诺改变博弈的得益结构，从而实现对双方都更有利的更好均衡，从而提高市场效率的经典例子。

3. 用柠檬原理和逆向选择的思想解释老年人投保困难的原因。

参考答案：

"柠檬原理"是在信息不完美且消费者缺乏识别能力的市场中，劣质品赶走优质品，最后搞垮整个市场的机制。"逆向选择"是在同样不完美信息和消费者缺乏识别能力的市场中，当价格可变时，价格和商品质量循环下降，市场不断向低端发展的机制。

高龄人群的保险市场是一个典型的柠檬原理和逆向选择会起作用，从而会导致发展困难的市场。因为老年人的健康情况差别很大,比年轻人之间的差别要大得多,而保险公司了解老年投保人的实际健康状况又很困难或成本很高,所以保险公司对老年投保人健康状况的信息不完美。

保险公司缺乏准确的信息,就无法根据每个老年投保人的实际健康情况确定不同的保费率,只能根据平均健康情况确定保费率。这种平均保费率对健康情况很差的老年人是合算的,但对健康状况较好的老年人则不合算。因此,前者倾向于投保,后者则不愿意投保,其结果是投保老人的平均健康情况会很差。这使得保险公司的赔付风险大大提高,不仅不能赢利而且很可能亏损,从而失去拓展老年保险市场的积极性,最终导致老年人的投保难问题。这就是柠檬原理作用的结果。

如果允许调整保费率,那么保险公司为了避免亏损会上调保费率,而这又会使得原来投保或者准备投保者中相对较健康的老人退出,从而导致投保老人的平均健康情况变得更差。如此循环,最终保费会升得很高而投保老人的平均健康情况则会越来越差,对市场的发展当然是很不利的。这就是逆向选择机制在老年保险市场作用的结果。

4. 用完全但不完美信息动态博弈的思想,讨论我国治理假冒伪劣现象很困难的原因。

参考答案:

商品交易中的质量问题可以用完全但不完美信息动态博弈描述,商品交易中的假冒伪劣现象正是这种市场博弈低效率均衡的表现形式。根据对不完美信息市场博弈完美贝叶斯均衡的讨论,不难知道我国市场经济早期假冒伪劣现象难以治理的原因主要包括以下几点。

(1) 信息不完美程度比较严重。当时我国发展市场经济的时间不长,因此在企业和个人商誉、信誉的建立,信息的获得和传递等方面,与发达市场经济国家相比有很大差距。这使得我国市场经济活动中的信息不完全和不对称情况更加严重,消费者识别假冒伪劣商品更困难,假冒伪劣商品的生存能力更强,严重损害我国市场经济的效率和消费者、正当经营厂商等的利益。

(2) 消费者识别能力低下而且麻木。长期的经济落后和物质贫乏等使得我国消费者的消费知识贫乏,判断商品质量的能力较差。根据不完美信息市场博弈分析可知,消费者识别能力低等于不法厂商制假成本低,而这正是导致不利市场均衡、假冒伪劣盛行的关键条件。事实上,我国消费者不仅识别能力低,还经常对假冒伪劣容忍麻木,甚至知假买假,我国的假冒伪劣很难治理就更不奇怪了。

(3) 暴利空间的存在。我国许多市场的结构和价格水平不是很合理,许多商品定价过高,存在明显的垄断暴利。这给制假者提供了很大的获利空间。根据不完美信息市场博弈分析的结论,暴利的存在也是假冒伪劣问题严重的重要原因。

(4) 对假冒伪劣的打击不力。由于地方、部门利益,以及管理体制等方面的原因,政府管理、执法部门对假冒伪劣管理和打击的力度往往是不够的,甚至还有反过来保护制假的情况。这当然会使造假者更肆无忌惮,也会使不造假和打假者的利益得不到保障,使造假者和打假者之间的博弈向不利的均衡方向发展,导致假冒伪劣现象越来越严重。

(5) 我国发展市场经济早期经济环境的变动太大、稳定性比较差也是重要原因。在不稳定的市场中,管理者和经营者都不可能对长远利益有足够的重视,不可能对培育和维护商誉有很大的积极性。这对市场博弈的均衡也有很大的影响,会对假冒伪劣现象起推波助澜的作用。

我国市场经济早期严重的假冒伪劣现象正是这些因素综合作用的结果,根治假冒伪劣问题必须先解决好上述问题。

5. 与一价模型相比,双价模型实现较好市场均衡的可能性是否要大一些?答案对我们有什么启发?

参考答案:

双价模型与一价模型相比,实现较好市场均衡的可能性确实要大一些。这不管是对二手车交易还是其他市场交易问题都是成立的。这首先是因为在一价模型中无法成交的部分情况,在二价模型中可能会在低价品市场上成交。其次是因为存在低价品市场时在低价品市场交易有利的部分产品,在没有低价品市场时只能搞假冒伪劣,从而导致出现不利市场均衡的机会增加。

上述答案对我们的启示是:对市场进行细分,发展包括高端、低端的多层次市场,对于改善市场效率和消除市场秩序混乱有非常重要的作用。事实上,这也正是在市场发展过程中总是倾向于不断细分化的内在根源。对市场细分设置人为的障碍,甚至强行统一价格标准,通常是不利于提高市场效率的。

6. 假设买到劣质品的消费者中只有一半事后会发现商品的低质量并索赔,那么有退款承诺的二手车交易模型的均衡会发生怎样的变化?

参考答案:

有退款保证的二手车交易模型中,如果只有一半消费者事后发现低质量并索赔,劣质品卖高价行为的赔偿费用会降低一半。从消费者利益的角度来看,如果消费者都有足够的事后识别能力,是否会发现低质量并索赔取决于对商品质量是关心还是麻木,那么有一半高价买到劣质品的消费者不发现低质量和索赔并不影响博弈中消费者的利益。这时博弈的扩展形如下:

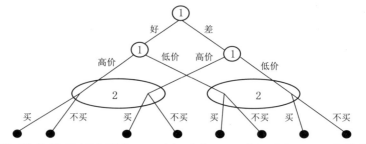

在这种情况下,市场完全成功类型完美贝叶斯均衡的条件变为 $P_h+(W-V)/2<0$ 或 $P_h+(W-V)/2<P_l$。因为 $W-V<0$,所以 $P_h+(W-V)/2>P_h+W-V$,实现比较理想市场均衡的机会比所有消费者都会发现质量问题并索赔时小。这说明一半消费者对商品质量麻木和放弃索赔,对不完美信息市场的均衡类型和效率很可能有不利影响。

如果高价买到劣质品的消费者是否发现低质量和索赔不是因为关心和麻木问题,而是因为事后识别能力不足,而且消费者预先不清楚自己是否有足够的事后识别能力,那么消费者高价购买到劣质品的(期望)利益为 $(W+V)/2-P_h$。厂商的利益与上一种情况相同。很显然,这种情况下退款保证对均衡类型的影响与上一种情况还是相同的。

进一步还可以考虑消费者预先知道自己没有事后识别能力,或者部分有识别能力,部分没有识别能力等情况。但这些情况的基本结论与上述两种情况都是相似的,也就是说无论什么原因造成只有一半受害消费者会索赔,都会使实现完全成功类型市场均衡的机会减小和对市场效率造成不利影响。

7. 若你正在考虑收购一家公司的 1 万股股票,卖方的开价是 2 元/股。根据经营情况的好坏,该公司股票的价值对于你来说有

1元/股和5元/股两种可能,但只有卖方知道经营的真实情况,你所知的只是两种情况各占50%的可能性。如果在公司经营情况不好时,卖方做到使你无法识别真实情况的"包装"费用是5万元,问你是否会接受卖方的价格买下这家公司?如果上述"包装"费用只有5 000元,你会怎样选择?

参考答案：

如果该公司把经营情况不好伪装成经营情况好的"包装"费用,也就是成本是5万元,我肯定会买下这些股票。因为这时候经营不好的公司的伪装成本高于卖出股票的收益2万元,经营不好的公司不可能先把公司伪装过再出售,公司的表面情况与实际情况肯定是一致的。

如果"包装"费用只有5 000元,我仍然会选择购买。因为虽然由于伪装成本低于出售公司的收益,所以经营情况不好的公司有伪装成经营良好后出售的动机,但由于在所有出售的公司中好坏各占一半,所以购买公司的期望得益 $0.5 \times 1 + 0.5 \times 5 - 2 = 1$ 万元,比不购买的利益0要大,因此我仍然会选择购买(我的风险偏好是中性的)。

8. 在现实中常常是既有部分卖假冒伪劣产品的厂商会打出"质量三包""假一罚十"等旗号,也有一些卖假冒伪劣产品的厂商声明"售出商品概不退换"。问这两类厂商有什么不同,他们各自策略的根据是什么?

参考答案：

前一类厂商作出的承诺常常是虚假的,根本不会兑现。这些厂商通常不会主动遵守诺言,而且市场环境中也缺乏有效的监督机制和管理机构迫使他们兑现承诺,同时消费者也缺乏事先识别判断和事后追究索赔的能力,因此这类不法厂商可能采用此类近乎无赖欺诈的行为长期获利。

后一类厂商一般是销售价值较低,而且易坏、易耗的商品,如鲜活农副产品、水产品,也有一些是低价销售或削价处理的商品。此外,侵犯其他厂商专利权、假冒其他厂商商标,对消费者来说商品的使用价值与价格基本符合的商品,也有可能属于后一种情况。

9. 证明本章最后一节最后一部分给出的策略组合在给定条件下构成一个市场成功类型的完美贝叶斯均衡。并讨论 $0 < P_h + W - V < P_l$ 时可能出现的变化。

参考答案:

(1) 教材本章最后一节最后一部分给出的特定条件是 $P_h + W - V < 0$ 或 $P_h + W - V < P_l$,此外,双价二手车模型的一般条件 $V - P_h > 0 > W - P_l > W - P_h$ 和 $P_l > 0 > P_h + W - V$ 等仍然满足。双方的策略组合和相应的判断是:①卖方在车况好时卖高价,车况差时卖低价;②买方在卖方要高价、要低价时都选择买;③买方判断 $p(g|h) = 1, p(b|h) = 0, p(g|l) = 0, p(b|l) = 1$。

首先分析卖方的策略。在上述条件下,给定买方的策略,卖方在车况好时 $P_h > P_l$,卖高价是合理的;在车况差时,因为 $P_l > 0 > P_h + W - V$,选择卖低价也是合理的。

其次分析买方的判断。给定卖方的策略,买方的上述判断是成立的。

最后分析买方的策略。给定上述判断,在高价的情况下,选择买的期望得益为:

$$(V - P_h)p(g|h) + (W - P_h)p(b|h) = V - P_h > 0$$

选择买是合理的。在低价情况下,买方选择买的期望得益为:

$$(V - P_l)p(g|l) + (W - P_l)p(b|l) = W - P_l > 0$$

选择买也是合理的。

因此,双方的上述策略和判断构成一个完美贝叶斯均衡。

(2) 如果 $0 < P_h + W - V < P_l$，那么这时搞假冒伪劣也能够获利，因此可能有部分厂商会尝试搞假冒伪劣。不过，由于低价低档品市场的利润率比搞假冒伪劣要高，因此这种假冒伪劣不会长久，最终会自行转向或者被市场淘汰。

5.2 补充练习题

1. 判断下列表述是否正确，并作简单分析。
  (1) 完全不完美信息动态博弈中各博弈方都不清楚博弈的进程，但清楚博弈的得益。
  (2) 不完美信息动态博弈中的信息不完美性都是客观因素造成的，而非主观因素造成。
  (3) 在完全但不完美信息博弈中，若不存在混合策略均衡，并且各博弈方都是主动选择且行为理性的，则不完美信息从本质上说是"假的"。
  (4) 子博弈可以从一个多节点信息集开始。
  (5) 不完美信息是指至少某个博弈方在一个阶段完全没有博弈进程的信息。
  (6) 象棋博弈中双方都不知道对方下一步会怎么走，因此两博弈方都没有关于博弈进程的完美信息，象棋博弈是不完美信息动态博弈。
  (7) 在不完美信息动态博弈的完美贝叶斯均衡路径上的所有节点，博弈方都需要有判断，而在非均衡路径上的节点则不需要都有判断。

参考答案：
  (1) 错误。不完美信息博弈中不一定所有博弈方都不清楚博弈进程，只要部分博弈方不完全清楚其行为之前的博弈进程，就是不完美信息动态博弈。

(2) 错误。不完美信息动态博弈的信息不完美性，很多是由人为主观的因素造成的，因为出于各种目的和动机，人们在市场竞争或者合作中常常会故意隐瞒自己的行为。

(3) 正确。因为对于只包含理性博弈方的主动选择行为，利益结构明确，而且不同路径有严格优劣之分，从而不需要用混合策略的动态博弈来说，所有博弈方选择的路径都可以通过分析加以确定和预测，根本无须观察。从这个意义上来说，这种博弈的不完美信息实际上都是"假的"。

(4) 错误。在一个子博弈中出现的信息集必须是完整的，由于从多节点信息集开始的博弈必然分割一个信息集，因此不可能是一个子博弈。

(5) 错误。不完美信息不是指完全没有信息，而是指没有完美的信息，只有以概率判断形式给出的信息。

(6) 错误。不完美信息指博弈方缺乏选择节点之前而不是之后的博弈进程的完美信息，因此不清楚对方下一步怎么走并不意味着信息不完美。

(7) 错误。在非均衡路径上的节点也必须都有判断。因为博弈方在非均衡路径节点处的选择需要以这些节点处的判断为基础，而博弈方在非均衡路径节点处的选择也会影响各博弈方在均衡路径上的选择，以及影响均衡路径本身，所以必须确定，因此博弈方在非均衡路径的选择节点处也必须有作为选择依据的判断。

2. 可以直接用逆推归纳法分析推导不完美信息动态博弈的完美贝叶斯均衡吗？

参考答案：

不可以。因为不完美信息动态博弈的完美贝叶斯均衡包含判断和策略两个部分，而且判断与均衡策略之间存在复杂的交互作用和依赖关系，因此不完美信息动态博弈中至少部分博弈方在有些节点处的行为选择无法直接推理出来,所以不完美信息动态博弈一般无法直接用逆推归纳法推导出完美贝叶斯均衡。不完美信息动态博弈的完美贝叶斯均衡通常是构造出来的。例如,根据实现最理想结果或者具有某种特征的均衡等的要求,构造特定的完美贝叶斯均衡。

3. 实现四种类型市场均衡的条件分别是什么?要促使市场均衡向较好的类型转化,可以在哪些方面下功夫?

参考答案:

根据对一价和双价二手车交易模型的分析,实现市场完全成功类型均衡(分开完美贝叶斯均衡)的条件主要是:伪装成本大于伪装利益(在一价模型中是 $P<C$,在双价模型中即 $C>P_h-P_l$),以及差商品的价值小于价格或高价,好商品的价值高于价格或高价(一价模型中即 $V>P>W$)。

实现市场部分成功类型均衡(合并完美贝叶斯均衡)的条件是:伪装成本低于伪装利益(一价模型中 $P>C$,双价模型中 $P_h-P_l>C$),而且买方购买(商品或者高价品)的期望利益大于不买的利益($EU>0$)。

市场完全失败类型均衡的条件是:伪装成本低于伪装利益(一价模型中 $P>C$,双价模型中 $P_h-P_l>C$),而且买方购买(商品或者高价品)的期望利益小于不买的利益($EU<0$)。

实现市场接近失败类型均衡的条件是:在上述市场完全失败均衡的情况下,部分劣质商品退出市场,相当于卖方采用混合策略,当达到买方购买的期望利益与不买的利益相同($EU=0$),而且买方也采用混合策略,即不是买下全部商品,只是买下一定比例时,可能实现这种均衡。

根据上述分析可以清楚,要促使市场均衡向较好的方向、类型发展,一是可以设法提高 C 的水平;二是应当提高市场上好商品的比例,从而提高 EU;三是可以调整价格或价差。做到上述几点又有多种可行的方法。

4. 如果一种商品的质量很难在购买时正确判断,出售这种商品的卖方又可以"售出商品,概不退换"。问这种商品的市场最终会趋向于怎样的情况?

参考答案:

从短期市场均衡的角度来看,如果消费者对商品质量缺乏判断能力,而且厂商又不提供任何质量保证,那么消费者是否会购买取决于购买的期望利益。如果商品对消费者来说并不是必需品,市场上劣质品比例很高,而且买到劣质品损失很大,从而购买的期望利益、效用不如不买,那么短期均衡中消费者不会选择购买。这时市场短期中就会崩溃。长期中只有厂商的经营策略和市场情况改善以后才可能重新恢复和发展。

如果反过来,商品对消费者来说是必需的,消费效用比较大,买到劣质商品的损失也不是很大,或者市场上劣质品的比例不大,从而购买的期望利益、效用比较大,那么消费者在短期均衡中会选择购买,市场能够存在。

但能够短期存在不等于能够长期维持和发展。事实上,除非该商品市场是消费需求严重缺乏弹性,市场结构又属于完全垄断的极端情况,否则始终不对消费者作出质量承诺的厂商和市场肯定是无法长期维持的,必然会走向消亡,被其他商品、其他厂商所替代。

5. 在单一价格的二手车博弈中,讨论 $P>C$ 或 $V>P>W$ 不成立或不能同时成立时博弈的均衡和结果。

参考答案:

若 $P<C$,则卖方在车况差时即使能卖掉,得益也只有 $P-C<0$,不可能选择卖。因此,这时候市场上出售的车应该都是好车,买方会放心选择购买。这正是最理想的一种市场均衡情况。

若 $V>W>P$,则这时无论车况好坏买方选择购买都是合算的,只是车好时更合算,因此买方必然会选择买。对于卖方来说,这时候实际上不需要进行伪装,当然也是好车差车都会选择卖。不过,在这种情况下可能会分化出不同的价格或不同的市场,车况好的价格高一些,车况差的则价格低一些。出现价格差异后的情况类似双价模型,此时如果伪装成车况好卖高价合算,卖方会在车况差时搞伪装,否则会选择直接出售未经伪装的差车。

若 $P>V>W$,则无论车况好坏,买方买进都不合算,因此只有选择不买,而卖方也只好选择不卖。当然,长期中这种市场的价格必然会下降,因为卖不掉的商品的价格是不可能长期维持的。

6. 假如在二手车模型中先由购买者决定买或不买,然后再由厂商决定卖或不卖,但差车的卖主仍然需要支付伪装成本 C,否则交易会被取消。请画出博弈的扩展形,并找出该博弈的均衡。

参考答案:

该博弈的扩展形为(其中博弈方1、博弈方2仍然分别指卖方、买方):

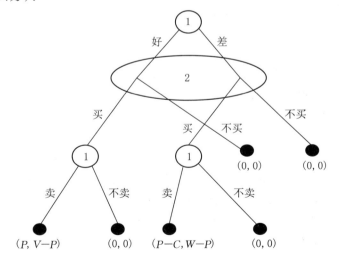

由于卖方具有完美信息,因此我们先分析卖方的选择。对于卖方来说,本博弈的得益首先可以分成两种情况:一种是 $P-C<0$;另一种是 $P-C>0$。

首先考虑 $P-C<0$ 的情况。这时候由于差车的伪装成本太大,有差车的卖方肯定不愿支付伪装成本,也就无法卖出,因此成交的只会是好车,买主可以放心购买。有好车的卖方当然会选择卖。因此,这时候的均衡为"买方选择买,有好车的卖方选择卖,有差车的卖方选择不卖"。

现在考虑 $P-C>0$ 的情况。这时由于不管卖方有好车还是有差车,卖的得益总是高于不卖的得益,因此只要买方先提出买,卖方总是会卖的。买方知道这种情况,因此知道自己如果提出买既可能买到好车也可能买到差车,所以只有在买的期望得益高于不买的期望得益,即 $(V-P) \times P_g + (W-P) \times P_b > 0$ 时才会选择购买(其中 V 是对买方来说好车的价值,W 是差车的价值,P_g 是买方判断车好的概率,P_b 是买方判断车坏的概率)。因此,当 $P-C>0$ 且买方买的期望得益为正时,该博弈的均衡是"买方选择买,卖方不管车好差都卖"。

如果在 $P-C>0$ 的情况下,$(V-P) \times P_g + (W-P) \times P_b < 0$,那么这个时候买方肯定不愿意买。买方不提出买当然卖方也就只能不卖,但万一买方(可能是由于错误)提出买,卖方当然还是愿意卖的。因此在这种情况下,均衡是"买方不买,卖方在买方不买时不卖,在买方买时卖"。

7. 假设在一价二手车模型中,$V=5\,000$ 元,$W=1\,000$ 元,$P=3\,000$ 元,差车的概率是 0.6。再假设政府可以控制厂商的伪装成本 C,但每一单位 C 政府自己有 0.5 单位成本,而政府的效用是交易中买方的利益减去政府自己的成本。问该博弈的完美贝叶斯均衡是什么?

参考答案：

为了简单起见，我们仍然根据只有买方卖方两个博弈方的一价模型的扩展形进行分析。

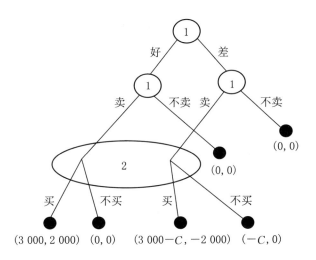

根据上述扩展形我们不难清楚，假设政府选择的 $C<3\,000$，那么买卖双方博弈的市场均衡一定是市场失败类型或接近失败的，因为差车伪装出售有利可图，而在好车差车都卖的情况下买方选择买的期望利益为 $0.4\times 2\,000+0.6\times(-2\,000)=-400<0$。在市场完全失败时因为买方的利益为 0，因此政府的效用肯定是非正的；在市场接近失败时买方的利益（期望得益）同样也是 0，因此政府的效用肯定也是非正的。

现在假设政府选择的 C 正好满足 $C>3\,000$，如 3 001 等。这时候买卖双方的博弈均衡是市场完全成功类型的，也就是好车会卖，差车不会卖，买方则会买。这时候交易买方的利益是 2 000，而政府提高 C 的成本只需要 1 500 左右，因此政府有正的效用。

根据上述分析不难得出结论，在上述存在政府选择的二手车交易模型中,政府选择把 C 提高到 3 000 以上,好车的卖方选择卖,差车的卖方选择不卖,买方选择买,构成该博弈的一个市场完全成功类型的完美贝叶斯均衡。

8. 求下列两个扩展形表示的博弈各自的全部纯策略纳什均衡和完美贝叶斯均衡。

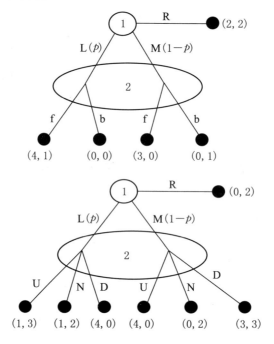

参考答案:

(1) 第一个博弈。

根据纳什均衡的定义,不难发现出该博弈有两个纯策略纳什均衡(R, b)和(L, f)。

在这两个纳什均衡的基础上,再根据完美贝叶斯均衡的定义进行检验和分析,可以发现其中第二个纳什均衡(L, f),再加博弈方2的相应判断：在博弈方1没有采用R的情况下，采用L的概率为 $p=1$，采用M的概率为 $1-p=0$，构成该博弈的一个完美贝叶斯均衡。

（2）第二个博弈。

根据严格下策反复消去法，我们首先可以消去博弈方1的R策，因为R策显然是相对于L策的严格下策。消去R以后的两阶段不完美信息动态博弈，实际上相当于博弈方1在L、M之间选择，博弈方2同时在U、N、D之间选择的静态博弈问题。

根据纳什均衡的定义和分析方法不难发现，这个静态博弈显然没有纯策略纳什均衡，其混合策略纳什均衡是：博弈方1以2/3和1/3的概率分布在L、M之间随机选择，博弈方2以1/4和3/4的概率分布在U和N之间随机选择。

上述混合策略纳什均衡再加上博弈方2对博弈方1策略的判断：采用L、M策略的概率分别为 $p=2/3$ 和 $1-p=1/3$，构成本博弈的混合策略完美贝叶斯均衡。在该均衡下两博弈方的期望得益分别为1和2。

9. 说明下图扩展形所示博弈无纯策略完美贝叶斯均衡，找出它的混合策略完美贝叶斯均衡。

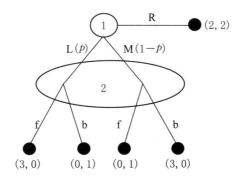

参考答案：

从博弈方 2 的角度，构成纯策略完美贝叶斯均衡只有两种可能性：一种是采用 f，另一种是采用 b。当博弈方 2 采用 f 时，博弈方 1 会选择 L，但博弈方 1 选择 L 时博弈方 2 肯定不愿意选择 f，因此博弈方 2 采用 f 不可能构成纳什均衡，更不可能是完美贝叶斯均衡；当博弈方 2 采用 b 时，博弈方 1 应该选择 M，但博弈方 1 选择 M 时博弈方 2 也不愿意选择 b，所以博弈方 2 采用 b 也不可能构成纳什均衡和完美贝叶斯均衡。因此，本博弈不可能有纯策略完美贝叶斯均衡。

现在来找本博弈的混合策略完美贝叶斯均衡。首先考虑博弈方 1 没有采用 R 的情况。当博弈方 1 的均衡策略不是采用 R 时，这是均衡路径上的选择，如果博弈方 1 的均衡策略是 R，这就是不在均衡路径上的选择。

当博弈方 1 在第一阶段没有采用 R 时，他（或她）和下一阶段博弈方 2 之间的博弈实际上相当于他（或她）选择 L 和 M，博弈方 2 选择 f 和 b 的静态博弈。这个静态博弈唯一的纳什均衡是，博弈方 1 和博弈方 2 各以 1/2 的相同概率分布，在各自的两个策略中随机选择的混合策略纳什均衡。这个混合策略纳什均衡下两个博弈方的期望得益分别为 1.5 和 0.5。

由于在上述混合策略纳什均衡中博弈方 1 只能得到 1.5 单位的期望得益，因此博弈方 1 在该博弈中的合理选择是 R 而不是上述混合策略。

综上，该博弈的唯一的完美贝叶斯均衡是：①博弈方 1 选择 R；②万一博弈方 1 第一阶段没有采用 R，那么博弈方 2 判断博弈方 1 选择 L 和 M 的概率各 1/2；③博弈方 2 第二阶段以 1/2 的概率分布在 f 和 b 中随机选择。

10. 如图是一个三人三阶段博弈。第一阶段博弈方 1 选择 L_1、M_1 和 R_1。如果博弈方 1 选择了 M_1 或 R_1，则轮到博弈方 2 在 L_2 和 R_2 中选择，此时他无法知道博弈方 1 的确切选择。第三阶段博弈方 3 在 L_3 和 R_3 中选择，此时他也不知道博弈到达了两个节点中的哪一个。请分析该博弈的均衡路径。

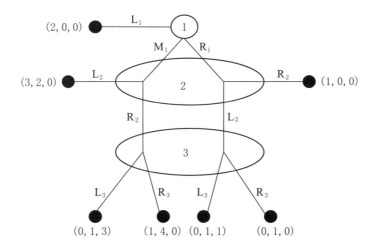

参考答案：

虽然这个博弈是不完美信息的博弈问题，我们仍然可以先尝试运用逆推归纳法进行分析。

首先分析第三阶段博弈方 3 的选择。我们不难发现在第三阶段博弈方 3 的两种策略中，L_3 是相对于 R3 的严格上策，因此博弈方 3 唯一的选择是 L_3。

倒推回第二阶段。博弈方 2 了解博弈方 3 的选择思路，知道博弈方 3 轮到选择时只会选择 L_3，而不会选择 R_3，因此在博弈方 1 选择 M_1 和 R_1 两种情况下，自己选择 L_2 的得益都大于选择 R_2 的得益，因此 L_2 是唯一合理的选择。

再进一步倒推回第一阶段。由于博弈方 1 知道后两个阶段两个博弈方的选择,因此博弈方 1 在这个阶段的唯一合理的选择是 M_1。

综上我们可以得到结论,在这个不完美信息动态博弈中,博弈方 1 在第一阶段选择 M_1;博弈方 2 在第二阶段判断博弈方 1 选择 M_1 的概率为 1 并选择 L_2;假如进行到第三阶段,博弈方 3 判断博弈方 2 选择 L_2 的概率是 1 并选择 L_3,构成本博弈的一个纯策略完美贝叶斯均衡。

值得注意的是,本博弈虽然是不完美信息动态博弈,但是因为在逆推归纳法中每个阶段的博弈方都有严格上策,因此直接用逆推归纳法就得到了本博弈的完美贝叶斯均衡,而对大多数不完美信息博弈分析来说,是不会这么幸运的。

第六章 不完全信息静态博弈习题指南

6.1 教材思考练习题

1. 不完全信息静态博弈中,博弈方的策略有什么特点?为什么?

参考答案:

不完全信息静态博弈(静态贝叶斯博弈)中博弈方的一个策略就是他们针对自己的各种可能类型如何作相应选择的完整计划。或者换句话说,不完全信息静态博弈中博弈方的策略就是类型空间到行为空间的一个函数 $S_i(t_i)$。$S_i(t_i)$ 设定博弈方 i 对自己的各种可能类型 t_i,从自己的行为空间 A_i 中选择的相应行动 a_i。$S_i(t_i)$ 可以是线性函数,也可以是非线性函数,当博弈方的类型只有有限几种时是离散函数,当博弈方的类型空间是连续区间或空间时则是连续函数。只有一种类型的博弈方的策略仍然是一种行为选择,但我们同样可以认为是其类型的函数。

不完全信息静态博弈中博弈方的策略之所以必须是针对自己所有可能类型的函数,原因是博弈方相互会认为其他博弈方可能属于每种类型,因此会考虑其他博弈方所有可能类型下的行为选择,并以此作为自己行为选择的依据。所以各个博弈方必须设定自己在所有各种可能类型下的最优行为,而不仅仅只考虑针对真实类型的行为选择。

2. 贝叶斯纳什均衡与完美贝叶斯均衡是什么关系?不完全信息静态博弈分析中为什么要引进贝叶斯纳什均衡概念?

参考答案：

在不完全信息静态博弈 $G = \{A_1, \cdots, A_n; T_1, \cdots, T_n; p_1, \cdots, p_n; u_1, \cdots, u_n\}$ 中，如果对任意博弈方 i 和他的每一种可能的类型 $t_i \in T_i$，$S_i^*(t_i)$ 所选择的行动 a_i 都能满足

$$\max_{a_i \in A_i} \sum_{t_{-i}} \{u_i[S_1^*(t_1), \cdots, S_{i-1}^*, a_i, S_{i+1}^*(t_{i+1}), \cdots, S_n^*(t_n), t_i] p(t_{-i} | t_i)\},$$

则称策略组合 $S^* = (S_1^*, \cdots, S_n^*)$ 为 G 的一个（纯策略）贝叶斯纳什均衡。

贝叶斯纳什均衡和完美贝叶斯均衡都不是简单行为选择意义上的策略均衡，而是比较复杂的函数和行动计划意义上的策略均衡。其中，贝叶斯纳什均衡是将不完全信息静态博弈的不完全信息转化成有关博弈方类型的不完美信息，然后定义在从所有可能类型到行为的策略函数上的均衡。而完美贝叶斯均衡则是不完美信息动态博弈中，与对前期行为的判断相互依存的策略均衡。这两种均衡分别比完全信息静态博弈的纳什均衡和完全且完美信息的动态博弈的子博弈完美纳什均衡复杂得多。

因为不完全信息静态博弈可以利用海萨尼转换，通过引入可能类型分布转化为特殊的不完美信息动态博弈，有关博弈方可能类型的分布可以理解成其他博弈方的判断，因此贝叶斯纳什均衡可以理解为完美贝叶斯均衡在不完全信息静态博弈中的特殊形式，因此贝叶斯纳什均衡一定是完美贝叶斯均衡，但完美贝叶斯均衡不一定是贝叶斯纳什均衡。

虽然理论上可以将不完全信息静态博弈转换成不完美信息动态博弈，并直接利用完美贝叶斯均衡进行分析，但因为不完全信息静态博弈的博弈过程和信息结构相比一般不完美信息动态博弈有特殊性，因此引进专门的贝叶斯纳什均衡概念，可以使得对这种类型博弈的分析更加方便清晰，也更便于理解和应用等。

3. 双寡头古诺模型,倒转的需求函数为 $P(Q)=a-Q$,其中 $Q=q_1+q_2$ 为市场总需求,但 a 有 a_h 和 a_l 两种可能的情况,并且厂商 1 知道 a 究竟是 a_h 还是 a_l,而厂商 2 只知道 $a=a_h$ 的概率是 θ,$a=a_l$ 的概率是 $1-\theta$,这种信息不对称双方都了解。双方的总成本仍然是 $c_i q_i=c q_i$。如果两个厂商同时选择产量,双方的策略空间是什么? 本博弈的贝叶斯纳什均衡是什么?

参考答案:

设厂商 1 已知 $a=a_h$ 时的产量为 $q_1(a)=q_{1h}$,已知 $a=a_l$ 时的产量是 $q_1(a)=q_{1l}$,再假设厂商 2 的产量是 q_2。这两个函数关系就是两个厂商的策略空间。

上述三种情况下两个厂商的利润函数分别为:

$$\pi_{1h}=(a_h-q_{1h}-q_2)q_{1h}-cq_{1h}$$
$$\pi_{1l}=(a_l-q_{1l}-q_2)q_{1l}-cq_{1l}$$
$$E\pi_2=\theta\cdot(a_h-q_{1h}-q_2)q_2+(1-\theta)\cdot(a_l-q_{1l}-q_2)\cdot q_2-cq_2$$

通过偏导数求三种情况下的反应函数:

$$a_h-q_2-2q_{1h}-c=0$$
$$a_l-q_2-2q_{1l}-c=0$$
$$\theta\cdot(a_h-q_{1h}-2q_2)+(1-\theta)\cdot(a_l-q_{1l}-2q_2)=c$$

解得厂商 1 的策略为:

$$q_{1h}=\frac{a_h-q_2-c}{2}=\frac{a_h-c}{2}-\frac{1}{6\theta}[a_h\theta+(1-\theta)\cdot a_l-c]$$

$$q_{1l}=\frac{a_l-q_2-c}{2}=\frac{a_l-c}{2}-\frac{1}{6\theta}[a_h\theta+(1-\theta)\cdot a_l-c]$$

厂商 2 的策略为:

$$q_2=\frac{1}{3\theta}\cdot[a_h\theta+(1-\theta)\cdot a_l-c]$$

因此，本博弈的贝叶斯纳什均衡是：当 $a=a_h$ 时，厂商 1 生产上述 q_{1h}；当 $a=a_l$ 时，厂商 1 生产上述 q_{1l}。厂商 2 的产量只有上述 q_2。

4. 在 6.2 节的暗标拍卖博弈中，假设仍然是最高价中标，投标者的估价独立分布于 $[0，1]$，但投标者有 n 人，问该博弈的线性策略贝叶斯纳什均衡是什么？

参考答案：

设 n 个投标者的估价分别为 $v_1，\cdots，v_n$，并设他们都采用如下的线性策略：

$$b_i = \theta_i v_i$$

那么，根据 6.2 节暗标拍卖模型的基本假设和本题假设，投标者 i 的期望收益为：

$$\begin{aligned} Eu_i &= (v_i - b_i) \prod_{j=1,\cdots,n; j \neq i} P\{b_i > b_j\} \\ &= v_i(1-\theta_i) \prod_{j=1,\cdots,n; j \neq i} P\left\{v_j < \frac{\theta_i}{\theta_j} v_i\right\} \\ &= v_i(1-\theta_i) \frac{\theta_i^{n-1}}{\prod_{j=1,\cdots,n; j \neq i} \theta_j} v_i^{n-1} \\ &= (\theta_i^{n-1} - \theta_i^n) \frac{v_i^n}{\prod_{j=1,\cdots,n; j \neq i} \theta_j} \end{aligned}$$

上述期望得益对 θ_i 求偏导数并令其为 0，可得：

$$(n-1)\theta_i^{n-2} - \theta_i^{n-1} \cdot n = 0$$

可解得：

$$\theta_i = \frac{n-1}{n}$$

这意味着投标者 i 的策略是:

$$b_i = \theta_i v_i = \frac{n-1}{n} v_i$$

由于所有投标者都是相同的,因此,每个投标者都把自己估价的 $\frac{n-1}{n}$ 倍作为自己的报价,是该博弈的一个线性策略贝叶斯纳什均衡。

5. 如果 6.2 节暗标拍卖模型的规则改为标价最高者以次高价中标,问该博弈的线性策略均衡是什么?

参考答案:

当 6.2 节暗标拍卖模型的规则修改成标价最高者以次高价中标时,博弈方 i 的得益函数为:

$$u_i = u_i(b_1, b_2, v_1, v_2) = \begin{cases} v_i - b_j & \text{当 } b_i > b_j \text{ 时} \\ (v_i - b_j)/2 & \text{当 } b_i = b_j \text{ 时} \\ 0 & \text{当 } b_i < b_j \text{ 时} \end{cases}$$

式中,当 $i=1$ 时,$j=2$;当 $i=2$ 时,$j=1$。因此,博弈方 i 选择标价 b_i 的目标是:

$$\max_{b_i}(v_i - b_j) P\{b_i > b_j\}$$

注意式中 $b_i = b_i(v_i)$;$b_j = b_j(v_j)$;$i,j = 1,2$。

由于 $v_i - b_j$ 与 b_i 无关,因此在 $v_i > b_j > 0$ 的前提下,上述最大化问题与 $b_i > b_j$ 的概率最大化:

$$\max_{b_i} P\{b_i > b_j\}$$

是一致的。使 $b_i > b_j$ 的概率最大化的唯一方法则是尽可能取最大的 b_i。

由于当 $v_i < b_j$ 有亏损的风险,因此可以选择的最大的 b_i 合理值就是 v_i。此时如果博弈方 i 能够中标,就一定满足 $b_i > b_j$。由于 b_j 就是中标价格,因此 $v_i - b_j = b_i - b_j > 0$,博弈方有正的利益,取尽可能大的概率是正确的;此时如果博弈方 i 不能中标,那么说明 $b_i = v_i \leqslant b_j$,为了中标再进一步提高标价只会带来亏损。因此,标价等于估价正是博弈方 i 的最佳策略。

由于两个博弈方的情况是相同的,因此,所有博弈方都把自己的真实估价作为报价,就是这种最高报价者以次高价中标的暗标拍卖(也称为"次高价暗标拍卖")博弈的贝叶斯纳什均衡。该贝叶斯纳什均衡当然也是线性策略均衡。投标者的数量增加到超过两人时结论也是相同的。

6. 若(1)"自然"以均等的概率决定得益是下述得益矩阵 1 的情况还是得益矩阵 2 的情况,并让博弈方 1 知道而不让博弈方 2 知道;(2)博弈方 1 在 T 和 B 中进行选择,同时博弈方 2 在 L 和 R 中进行选择。找出该不完全信息静态博弈的所有纯策略贝叶斯纳什均衡。

	L	R
T	1, 1	0, 0
B	0, 0	0, 0

得益矩阵 1

	L	R
T	0, 0	0, 0
B	0, 0	2, 2

得益矩阵 2

参考答案:

在这个不完全信息静态博弈中,博弈方 1 的策略是私人信息类型的函数:当"自然"选择得益矩阵 1 时选择 T,当"自然"选择得益矩阵 2 时选择 B。

博弈方 2 的策略则根据期望利益最大化决定。博弈方 2 选择

第六章 不完全信息静态博弈习题指南　　137

L 策略的期望得益为 $0.5 \times 1 + 0.5 \times 0 = 0.5$，选择 R 策略的期望得益为 $0.5 \times 0 + 0.5 \times 2 = 1$，因此博弈方 2 必定选择 R。

所以该博弈的纯策略贝叶斯纳什均衡只有：博弈方 1 在"自然"选择得益矩阵 1 时选择 T，在"自然"选择得益矩阵 2 时选择 B；博弈方 2 选择 R。

6.2 补充练习题

1. 判断下列论述是否正确，并作简单分析。
(1) 海萨尼转换可以把不完全信息静态博弈转换为不完美信息动态博弈，说明有了海萨尼转换，不完全信息静态博弈和一般的不完美信息动态博弈是完全等同的，不需要另外发展分析不完全信息静态博弈的专门分析方法和均衡概念。
(2) 完全信息静态博弈中的混合策略可以解释成不完全信息博弈的纯策略贝叶斯纳什均衡。
(3) 证券交易中的集合竞价交易方式本质上就是一种双方报价拍卖。
(4) 静态贝叶斯博弈中之所以博弈方需要针对自己的所有可能类型都设定行为选择，而不是只针对实际类型设定行为选择，是因为能够迷惑其他博弈方，从而获得对自己更有利的均衡。
(5) 因为不完全信息静态博弈中每个博弈方只是不完全清楚其他博弈方的类型，对自己的类型是完全清楚的，因此各个博弈方的策略只需要考虑对应自己实际类型的行为选择，不用考虑对应自己其他可能类型的行为选择。

参考答案：
(1) 错误。即使海萨尼转换可以把不完全信息静态博弈转换为不完美信息动态博弈，也是一种特殊的，两阶段有同时选择的不完美信息动态博弈,对这种博弈的分析进行专门讨论和定义专门的均衡概念有利于提高分析的效率。

(2) 正确。完全信息静态博弈中的混合策略博弈,几乎总是可以被解释成一个有少量不完全信息的近似博弈的一个纯策略贝叶斯纳什均衡。夫妻之争博弈的混合策略纳什均衡可以用不完全信息夫妻之争博弈的贝叶斯纳什均衡表示就是一个例证。

(3) 正确。我国证券交易中运用的集合竞价确定开盘价的方式,其实就是一种双方报价拍卖。与一般双方报价拍卖的区别只是交易对象、标的不是一件,而是有许多件。

(4) 错误。静态贝叶斯博弈中之所以博弈方需要针对自己所有的可能类型,而不是只针对自己的实际类型,设定行为选择,并不是因为可以迷惑其他博弈方,而是因为其他博弈方必然会考虑这些行为选择并作为他们自己行为选择的依据,所以只根据实际类型考虑行为选择就无法判断其他博弈方的策略,从而也就无法找出自己的最优策略。其实,在这种博弈中,一个博弈方即使自己不设定针对自己所有类型的行为选择,其他博弈方也会替他(或她)考虑,因此,设定自己所有类型下的行为,实际上是要弄清楚其他博弈方对自己策略的判断。

(5) 错误。不完全信息静态博弈每个博弈方的策略必须包含对自己所有可能类型的行为选择,因为对应所有可能类型的行为选择都是其他博弈方判断和行为选择的依据,最终也会影响自己的判断和行为选择,如果博弈方的策略中不包含对自己没有实际出现的可能类型的行为选择,就无法对这种博弈进行有效分析。

2. 简述海萨尼转换的原理和作用。

参考答案:

海萨尼于 1967 年提出的一种"海萨尼转换"的思路,可以将不完全信息静态(或动态)博弈,转化为完全但不完美信息的动态博弈:①引进虚拟的"自然"博弈方,让它先为各博弈方随机选择类型;②"自然"博弈方让各实际博弈方知道自己的类型,但不让(部分或全部博弈方)知道其他博弈方的类型;③再进行原来的静态(或动态)博弈。

经过这种转换,不完全信息静态博弈就转化为完全但不完美信息动态博弈,而对类型的判断变成对"自然"类型选择的判断,但不难看出,经过转化的博弈与原来的博弈实际上是相同的。经过海萨尼转换得到的特定形式的完全但不完美信息动态博弈,既可以用完美贝叶斯均衡的分析方法进行分析,也可以用贝叶斯纳什均衡分析方法进行分析。

3. 如果在教材习题 5 中投标者为两个人,且他们的估价相同,则贝叶斯纳什均衡是什么?博弈的结果是什么?如果两个投标者知道他们的估价是相同的,结果会发生什么变化?

参考答案:

如果两个投标者在出价时并不知道他们的估价相同,那么他们的行为与一般 n 个人投标的暗标拍卖是一致的。我们设两个投标者的估价为 V。根据教材习题 5 的答案,两个投标者的标价应都为:

$$b = \frac{n-1}{n}V = \frac{2-1}{2}V = \frac{1}{2}V$$

因此,该博弈的贝叶斯纳什均衡是两个投标者出的标价都是他们估价的一半,当然实际上是相同的。博弈的结果是因为双方通过随机抽签的方法决定由谁以该价格中标。

如果两个投标者知道他们的估价相同,情况就会发生变化。事实上,在这种情况下这个博弈问题其实不再是不完全信息的博弈,而是一个完全信息的静态博弈问题,这时候纯策略纳什均衡是双方的报价都等于他们的相同估价,谁都无利可图。

4. 从不完全信息博弈的角度，从高到低叫价的荷兰式拍卖和暗标拍卖之间是否有相似性？

参考答案：

从不完全信息博弈的角度，荷兰式拍卖与无底价的暗标拍卖其实基本上是相同的。因为虽然荷兰式拍卖的公开叫价与暗标拍卖的密封标书拍卖在形式上有较大差异，但这两种拍卖方式中各个博弈方的信息状态是相同的，最高价中标的拍卖规则也是相同的，而且荷兰式拍卖中各个竞拍者在参与竞拍时事实上事先必须有一个心理价位，这个价位与暗标拍卖中密封在信封中的标价应该相同，得到的结果也相同。因此，从不完全信息博弈的角度，荷兰式拍卖与暗标拍卖实质上是相同的。这两种拍卖方式的主要不同是适用的拍卖标的物不同，附加规则、条件的难易程度不同，以及不同的形式和现场气氛对参加者会产生不同的心理作用等。

5. 根据从各种拍卖博弈模型分析中得到的结论和启发，你觉得哪些方法或措施有利于卖方或拍卖组织者提高拍卖的价格和效率？

参考答案：

(1) 根据各种拍卖模型的分析我们可以知道，吸引更多的竞拍、投标者参加竞拍和投标，对于提高拍卖的成交率和拍卖价格肯定会有好处。当然，这里面同样也有一个成本收益的问题，因为吸引更多竞拍、投标者常常也是有成本代价的，如果从成交率和成交价提高得到的好处并不明显高于成本，就不宜运用这种方法。

(2) 合理运用信息不对称性也是很重要的手段。在不同的拍卖问题中和不同的条件下，信息不对称的作用是不同的。例如，当竞投、竞拍者估价相近时，增加各方信息、提高信息透明度有利于提高成交价，这时候应通过加强广告和沟通以降低信息不对称性，但当各方估价相差很远时，则不宜增加各方的信息，应该保持和强化信息不对称性。

（3）在组织拍卖中必须注意的一个问题是要防止竞拍、投标者之间的串谋。因为竞拍、投标者之间的串谋往往会对拍卖方的利益造成很大的损害。而且一般拍卖的组织者对于这种串谋舞弊也很难进行惩罚。因此，预先防止这种串谋是很重要的。

（4）利用直接机制帮助简化拍卖规则设计，提高拍卖的效率。

此外，组织拍卖还有许多其他技巧和原则，如应该根据拍卖标的的性质运用不同的拍卖规则和方法，对鲜活商品等必须迅速成交的商品可以采用荷兰式拍卖，在通常情况下可以利用多轮次竞价中的心理作用等提高拍卖效率和成交价等。

6. 两寡头古诺产量竞争模型中厂商 i 的利润函数为 $\pi_i = q_i(t_i - q_j - q_i)$，$i = 1, 2$。若 $t_1 = 1$ 是两个厂商的共同知识，而 t_2 则是厂商 2 的私人信息，企业 1 只知道 $t_2 = 3/4$ 或 $4/5$，且 t_2 取这两个值的概率相等。若两个厂商同时选择产量，请找出该博弈的纯策略贝叶斯均衡。

参考答案：

假设厂商 1 的产量是 q_1，厂商 2 在 $t_2 = 3/4$ 和 $t_2 = 5/4$ 时的产量分别是 q_2^l 和 q_2^h，则厂商 2 在两种情况下的得益函数分别为：

$$\pi_2 = q_2^h \left(\frac{5}{4} - q_1 - q_2^h \right)$$

和

$$\pi_2 = q_2^l \left(\frac{3}{4} - q_1 - q_2^l \right)$$

厂商 1 的期望得益函数为：

$$E\pi_1 = \frac{1}{2} q_1 \cdot (1 - q_1 - q_2^l) + \frac{1}{2} q_1 \cdot (1 - q_1 - q_2^h)$$

用反应函数法,将上述得益和期望得益函数分别对 q_2^l、q_2^h 和 q_1 求一阶偏导并令其为 0,解得反应函数后再联立可解得:

$$q_1 = \frac{1}{3},\ q_2^l = \frac{5}{24},\ q_2^h = \frac{11}{24}$$

这就是该博弈的纯策略贝叶斯纳什均衡。

7. 请用下面这个两市场博弈验证海萨尼关于混合策略和不完全信息博弈关系的结论。

		厂商 2 A	厂商 2 B
厂商 1	A	−1, −1	1, 0
厂商 1	B	0, 1	0, 0

参考答案:

根据对完全信息静态博弈的分析方法,我们很容易发现上述两市场博弈有两个纯策略纳什均衡(A, B)和(B, A),以及一个对称的混合策略纳什均衡:每个厂商都以 $\frac{1}{2}$ 的相同概率随机选择 A 和 B。

现在我们把上述两市场博弈改成不完全信息的版本。设两厂商的得益如下面的得益矩阵所示:

		厂商 2 A	厂商 2 B
厂商 1	A	−1, −1	$1+t_1$, 0
厂商 1	B	0, $1+t_2$	0, 0

其中,t_1 和 t_2 分别是两个厂商的私人信息,对方只知道它们都均匀分布在 $[-\varepsilon,+\varepsilon]$ 上。这时候,我们不难证明厂商 1 采用策略"$t_1>0$ 时选择 A,否则选择 B",厂商 2 也采用策略"$t_2>0$ 时选择 A,否则选择 B",构成这个不完全信息静态博弈的一个贝叶斯纳什均衡。根据 t_1 和 t_2 的上述分布,我们知道两个厂商选择 A 和 B 的概率都是 $\dfrac{1}{2}$。当 ε 趋向于 0 时,这个不完全信息博弈与完全信息博弈越来越接近,其纯策略贝叶斯均衡当然与完全信息博弈的混合策略纳什均衡完全相同。

8. 两个厂商同时决定是否进入某个市场。两个厂商的进入成本为 $c_i \in [0,+\infty]$ 是各自的私人信息,另一个厂商只知道 c_i 的分布函数为 $P(c_i)$。只有一个厂商 i 进入时收益为 $H-c_i$,两个厂商都进入时收益各为 $L-c_i$,都不进入收益都为 $0,H>L>0$。求该博弈的贝叶斯纳什均衡。

参考答案:

根据问题的假设,该博弈的得益矩阵如下:

		厂商 2 进入	厂商 2 不进入
厂商 1	进入	$L-c_1,L-c_2$	$H-c_1,0$
厂商 1	不进入	$0,H-c_2$	$0,0$

假设厂商 1 采用如下的临界值策略:当 $c_1 \leqslant w$ 时,采用"进入"策略;当 $c_1>w$ 时,采用"不进入"策略。假设厂商 2 采用如下的临界值策略:当 $c_2 \leqslant t$ 时,采用"进入"策略;当 $c_2>t$ 时,采用"不进入"策略。因此,厂商 1 采用进入策略的概率是 $P(w)$,不进入的概率是 $1-P(w)$;厂商 2 采用进入策略的概率是 $P(t)$,不进入的概率是 $1-P(t)$。

从厂商 1 的角度来看,选择进入和不进入的期望得益分别为:
$$P(t) \times (L-c_1) + [1-P(t)] \times (H-c_1)$$
$$= P(t)(L-H) + H - c_1$$
$$P(t) \times 0 + [1-P(t)] \times 0 = 0$$

当进入的期望得益大于不进入的期望得益时厂商 1 会采用进入。所以,厂商 1 的进入条件是:
$$P(t)(L-H) + H - c_1 > 0$$
或
$$c_1 < P(t)(L-H) + H$$

这样就得到了厂商 1 进入的临界值 $w = P(t)(L-H) + H$。

从厂商 2 的角度来看,选择进入和不进入的期望得益分别为:
$$P(w) \times (L-c_2) + [1-P(w)] \times (H-c_2)$$
$$= P(w)(L-H) + H - c_2$$
$$P(w) \times 0 + [1-P(w)] \times 0 = 0$$

当进入的期望得益大于不进入的期望得益时厂商 2 才会选择进入。所以,厂商 2 的进入条件是:
$$P(w)(L-H) + H - c_2$$
或
$$c_2 < P(w)(L-H) + H$$

这样就得到了厂商 2 进入的临界值 $t = P(w)(L-H) + H$。

在已知分布函数为 $P(c_i)$ 的情况下,可从联立方程组:
$$\begin{cases} w = P(t)(L-H) + H \\ t = P(w)(L-H) + H \end{cases}$$

解得 t 和 w。以这两个临界值构造的临界值策略,就是该博弈的贝叶斯纳什均衡。此时厂商 1 选择进入的概率为 $P(w)$，厂商 2 选择进入的概率为 $P(t)$。

9. 两人参加一次暗标拍卖，他们的估价都是 $[0,1]$ 上的标准分布。如果两竞拍者的效用函数都是自己的真实估价减去中标价格，再乘一个反映风险态度的参数 α（$\alpha>1$、$\alpha=1$ 和 $\alpha<1$ 分别表示风险偏好、风险中性和风险厌恶）。

(1) 请分析在线性策略均衡中，竞拍者的出价与它们的风险态度有什么关系。

(2) 如果改为两竞拍者的效用是估价先乘参数 α 以后再减去中标价格（表明竞拍者主要担心的是估价的风险），在线性策略均衡中他们的出价与风险态度有什么关系？

参考答案：

(1) 分别称参加投标的两人为博弈方 1 和博弈方 2。假设博弈方 i 对拍品的估价为 v_i，标价为 b_i，$i=1,2$。用价格 P 拍得拍品的效用为 $\alpha(v_i-P)$。博弈方 i 的效用函数是：

$$u_i = u_i(b_1, b_2, v_1, v_2) = \begin{cases} \alpha(v_i - b_i) & \text{当 } b_i > b_j \text{ 时} \\ \alpha(v_i - b_i)/2 & \text{当 } b_i = b_j \text{ 时} \\ 0 & \text{当 } b_i < b_j \text{ 时} \end{cases}$$

如果策略组合 $[b_i, b_j]$ 是一个贝叶斯纳什均衡，那么在线性策略均衡中满足：

$$\max_{b_i}[\alpha(v_i-b_i)P\{b_i > a_j + c_j v_j\}]$$

$$= \max_{b_i}\left[\alpha(v_i-b_i)P\left\{v_j < \frac{b_i-a_j}{c_j}\right\}\right]$$

$$= \max_{b_i}\left[\alpha(v_i-b_i)\frac{b_i-a_j}{c_j}\right]$$

其一阶条件为 $b_i = \dfrac{v_i + a_j}{2}$。最后的出价 $b_i(v_i) = v_i/2$ 与风险态度 α 无关(具体推导过程参见教材)。

(2) 如果改为两竞拍者的效用是估价先乘参数 α 以后再减去中标价格(表明竞拍者主要担心的是估价的风险)，即效用为 $\alpha v_i - P$。博弈方 i 的效用函数是：

$$u_i = u_i(b_1, b_2, v_1, v_2) = \begin{cases} \alpha v_i - b_i & \text{当 } b_i > b_j \text{ 时} \\ (\alpha v_i - b_i)/2 & \text{当 } b_i = b_j \text{ 时} \\ 0 & \text{当 } b_i < b_j \text{ 时} \end{cases}$$

如果策略组合 $[b_i, b_j]$ 是一个贝叶斯纳什均衡，那么在线性策略均衡中满足：

$$\max_{b_i}[(\alpha v_i - b_i) P\{b_i > a_j + c_j v_j\}]$$
$$= \max_{b_i}\left[(\alpha v_i - b_i) P\left\{v_j < \dfrac{b_i - a_j}{c_j}\right\}\right]$$
$$= \max_{b_i}\left[(\alpha v_i - b_i) \dfrac{b_i - a_j}{c_j}\right]$$

其一阶条件为 $b_i = \dfrac{\alpha v_i + a_j}{2}$。最后的出价是 $b_i(v_i) = \alpha v_i/2$ 说明了越是风险偏好的竞拍者报价时越可能出高价，而越是风险厌恶的竞拍者报价越低。

10. 两户居民同时决定是否维护某合用的设施。如果只要有一户人家维护，两户人家就都能得到 1 单位好处；没有人维护则两户人家均没有好处。设两户人家维护的成本不同，分别为 c_1 和 c_2。

    (1) 如果假设 c_1 和 c_2 分别是 0.1 和 0.5，该博弈的纳什均衡是什么？博弈结果会如何？

(2) 如果 c_1 和 c_2 都是独立均匀分布在 [0,1] 上的随机变量，真实水平只有每户人家自己知道，该博弈的贝叶斯纳什均衡是什么？

参考答案：

为了简便起见，先写出该博弈的一般得益矩阵：

		居民 2 提供	居民 2 不提供
居民 1	提供	$1-c_1, 1-c_2$	$1-c_1, 1$
居民 1	不提供	$1, 1-c_2$	$0, 0$

(1) 这是完全信息的情况，得益矩阵如下：

		居民 2 提供	居民 2 不提供
居民 1	提供	0.9, 0.5	0.9, 1
居民 1	不提供	1, 0.5	0, 0

根据矩阵中的得益情况容易得出该博弈有两个纯策略纳什均衡（提供，不提供）和（不提供，提供），还有一个混合策略纳什均衡（读者可自己计算一下）。在这几个纳什均衡中，第一个的效率是最高的，而且也是所有策略组合中总得益最高的，因此双方都采用这个均衡结果最理想。但因为这时候第一户人家没有实现最大得益，而且相对得益反而比对方差，所以属于能者多劳、吃亏的不合理情况。这种均衡在现实中并不总是很容易实现，除非居民之间能够发展出一种补偿机制，给第一户居民合理的补偿。

(2) 对于 c_1 和 c_2 是在 [0,1] 上标准分布的情况，假设居民 1 采用如下的临界值策略：当 $c_1 \leqslant w$ 时采用"提供"策略；当 $c_1 > w$ 时采用"不提供"策略。假设居民 2 采用如下的临界值策略：当 $c_2 \leqslant t$

时采用"提供"策略;当 $c_2 > t$ 时采用"不提供"策略。此时居民 1 提供的概率是 w,不提供的概率是 $1-w$,厂商 2 提供的概率是 t,不提供的概率是 $1-t$。

从居民 1 的角度来看,选择提供和不提供的期望得益分别为:
$$t \times (1-c_1) + [1-t] \times (1-c_1) = 1 - c_1$$
$$t \times 1 + [1-t] \times 0 = t$$

当提供的期望得益大于不提供的期望得益时,居民 1 才会采用提供策略。也就是 $c_1 < 1-t$ 时会提供,由此得到临界值:$w = 1-t$。

从居民 2 的角度来看,选择提供和不提供的期望得益分别为:
$$w \times (1-c_2) + [1-w] \times (1-c_2) = 1 - c_2$$
$$w \times 1 + [1-w] \times 0 = w$$

当提供的期望得益大于不提供的期望得益时,居民 2 才会提供。也就是 $c_2 < 1-w$ 时会提供,由此得到临界值:$t = 1-w$。

结合上述两个临界值公式得到,满足 $t+w=1$ 时上述临界值策略组合都是这个博弈的贝叶斯纳什均衡。因此,这个博弈有无数的均衡解。

第七章 不完全信息动态博弈习题指南

7.1 教材思考练习题

1. 为什么口头声明有时能有效传递信息,但另一些时候却又不能?

参考答案:

口头声明有时能有效传递信息,而其他时候又不能的原因是,在不同问题中声明方和接受声明方之间的利益关系的一致性、一致程度不同。当声明方和接受声明方的利益比较一致,双方偏好相同或有相近的行为时,即使没有成本的口头声明也可以不同程度传递信息;但当声明方和接受声明方的利益不一致,双方偏好相反或行为相差很大,或者双方利益和行为没有相关性时,简单的口头声明就不可能有效传递信息。因为在后面这种情况下,要么双方会相互欺骗和怀疑对方,要么会完全忽略对方所作的声明。

2. 能够传递信息的行为有怎样的特征?信号机制起作用的基本条件是什么?

参考答案:

一般来说,能够传递信息、起信号作用的行为通常需要具有这样的特征:一是这种行为是有成本的;二是不同素质、不同类型发信号者采取同样的行为,也就是发同样信号的成本必须不同。信号机制起作用的基本条件是,具有上述能有效传递信息的特定行为或恰当的标准,可以作为获取对象信息,判断对象素质或类型的筛选、识别机制。

3. 找出下列两个扩展形表示的动态贝叶斯博弈各自的全部纯策略纳什均衡、完美贝叶斯均衡。

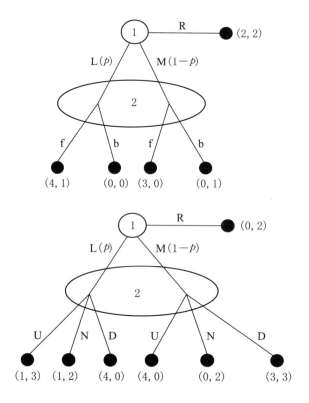

参考答案：

本博弈也可以理解为完全但不完美信息动态博弈，答案同第五章补充习题8。

(1) 第一个博弈有两个纯策略纳什均衡(R, b)和(L, f)。其中(L,f)加博弈方 2 的相应判断:在博弈方 1 没有采用 R 的情况下,采用 L 的概率为 $p=1$,采用 M 的概率为 $1-p=0$,构成完美贝叶斯均衡。

(2) 第二个博弈没有纯策略纳什均衡,混合策略纳什均衡是:博弈方 1 以 2/3 和 1/3 的概率分布在 L、M 之间随机选择,博弈方 2 以 1/4 和 3/4 的概率分布在 U 和 N 之间随机选择。这个混合策略纳什均衡加上博弈方 2 对博弈方 1 策略的判断:采用 L、M 策略的概率分别为 $p=2/3$ 和 $1-p=1/3$,构成本博弈的混合策略完美贝叶斯均衡。

4. 说明下图扩展形所示博弈无纯策略完美贝叶斯均衡,找出它的混合策略完美贝叶斯均衡。

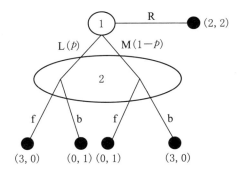

参考答案:

本博弈也可以理解为完全但不完美信息动态博弈,答案同第五章补充习题 9。

因为从博弈方 2 的角度,构成纯策略完美贝叶斯均衡只有两种可能性:一种是采用 f,另一种是采用 b。采用 f 时,博弈方 1 会选择 L,但此时博弈方 2 不愿意选择 f,因此,博弈方 2 采用 f 不可能构成纳什均衡,更不可能是完美贝叶斯均衡;采用 b 时,博弈方

1 选择 M,但此时博弈方 2 也不愿意选择 b,因此,博弈方 2 采用 b 也不可能构成纳什均衡和完美贝叶斯均衡。因此,本博弈不可能有纯策略完美贝叶斯均衡。

该博弈唯一的完美贝叶斯均衡是:①博弈方 1 选择 R;②万一博弈方 1 第一阶段没有采用 R,那么博弈方 2 判断博弈方 1 选择 L 和 M 的概率各 1/2;③博弈方 2 第二阶段以 1/2 的概率分布在 f 和 b 中随机选择。

5. 在一个声明博弈中,假设声明方出现三种类型的可能性相等,如果声明方的各种类型和行为方的各种行为组合时双方得益如下列得益矩阵中所示,其中每个数组的第一个数字为声明方得益,第二个数字为行为方得益。求该博弈的纯策略完美贝叶斯均衡。

		行为方		
		a_1	a_2	a_3
声明方	t_1	0, 1	1, 0	0, 0
	t_2	0, 0	1, 2	0, 0
	t_3	0, 0	1, 0	2, 1

参考答案:

"声明方是 t_1、t_2 类型时都声明自己是 t_2 类型,是 t_3 类型时声明自己是 t_3 类型;行为方听到声明 t_2 类型时判断 t_1 和 t_2 各有 0.5 的概率并采取 a_2,听到声明 t_3 时判断肯定是 t_3 并采取 a_3",构成该博弈的一个部分合并纯策略完美贝叶斯均衡。

6. 设买方和卖方对交易商品的估价分别为 v_b 和 v_s,但只有卖方有能力独立形成估价,买方没有独立形成估价的能力,买方的估价取决于卖方的估价 $v_b = k \cdot v_s$，其中 $k > 1$ 是双方的共同知识。假设卖方的估价 v_s 标准分布于 $[0, 1]$ 区间，真实情况只有卖方自己知道（从而也知道 v_b），买方既不知道 v_s，也不知道 v_b，只知道 v_s 的分布。如果由买方出一个价格 P，然后卖方选择接受或拒绝。问：对于 $k < 2$ 和 $k > 2$ 的两种情况，该博弈的完美贝叶斯均衡分别是什么？

参考答案：

本题是一个信号博弈问题。根据问题的假设，我们先找出本博弈的类型空间、信号空间、行为空间如下。

(1) 类型空间。该博弈的类型是卖方对交易商品的估价 v_s，类型空间就是区间 $[0, 1]$，而且博弈方 0 是以相同的概率随机选择类型的。

(2) 信号空间。本博弈的信号是卖方提出的价格 P，信号空间是所有可能取的价格。因为卖方必然不愿吃亏做赔本买卖，也要考虑买方有接受的可能，所以可能的价格属于 $[0, k)$。该区间是本博弈的信号空间。

(3) 行为空间。本博弈的行为是买方对买还是不买的选择，因此，本博弈的行为空间有｛买，不买｝两个元素。

现在找出两博弈方的得益函数。信号博弈中博弈方的得益都是类型、信号和行为的函数。设卖方得益为 u_s，买方得益为 u_b。根据问题的假设有：

$$u_s = \begin{cases} P - v_s & \text{买} \\ 0 & \text{不买} \end{cases}$$

$$u_b = \begin{cases} v_b - P = kv_s - P & \text{买} \\ 0 & \text{不买} \end{cases}$$

仍然用类似逆推归纳的思路，从接收信号的买方的分析和选择开始讨论。假设卖方已经提出了价格 P，而且 $P < 1$，那么买方可以

判断卖方的类型 v_s 均匀分布在 $[0, P)$ 区间上。此时买方选择买的期望得益为：

$$Eu_b = \int_0^P (kv_s - P) \frac{1}{P} dv_s = \frac{k}{2}P - P$$

由于买方不买得益肯定是 0，因此，如果 $\frac{k}{2}P - P > 0$，即 $k > 2$，买方会选择买；如果 $\frac{k}{2}P - P < 0$，即 $k < 2$，买方应该选择不买。

如果卖方提出的价格 $P > 1$，那么，买方会判断卖方的类型 v_s 均匀分布在 $[0, 1]$ 上。此时买方选择买的期望得益为：

$$Eu_b = \int_0^1 (kv_s - P) dv_s = \frac{k}{2} - P$$

同样，由于买方不买的得益是 0，因此，如果现在 $\frac{k}{2} - P > 0$，即 $k > 2P$（或 $P < k/2$），买方该选择买；如果 $\frac{k}{2} - P < 0$，即 $k < 2P$（或 $P > k/2$），买方该选择不买。$k > 2P$ 和 $P > 1$ 同时成立意味着 $k > 2$，因此 $k > 2$ 也是 $P > 1$ 时买方买的基本条件。

现在回到第一阶段发信号的卖方对价格的选择。如果 $k < 2$，那么，由于不管卖方出什么价买方实际上都不会买，因此，卖方可以干脆报一个很高的价，如 k。这时候双方的均衡策略就是 $P = k$ 和不买，买方的判断是卖方类型 v_s 均匀分布在 $[0, 1]$ 上。这是一个市场完全失败类型的合并完美贝叶斯均衡。

如果 $k > 2$，那么当 $P < 1$ 时买方肯定会买，当 $P > 1$ 时只要 $P < k/2$ 也会买。由于在能够成交的前提下，卖方的利益是与成交价格 P 成正比的，因此，卖方应选择尽可能大的 P。因为 $\frac{k}{2} >$

1 肯定成立,所以卖方的最佳选择是报一个尽可能接近 $\frac{k}{2}$ 的价格。这时候双方的均衡策略是 $P \to \frac{k}{2}$ 和买,买方的判断仍然是卖方的类型 v_s 均匀分布在 $[0, 1]$ 上。这是一个市场部分成功的合并完美贝叶斯均衡。

7.2 补充练习题

1. 判断下列论述是否正确,并作简单分析。
(1) 不完全信息动态博弈与完全但不完美信息动态博弈在本质上常常是相同的。
(2) 古玩市场的交易中买卖双方的后悔都来自自己对古玩价值判断的失误,若预先对价值的判断是正确的,那么交易者肯定不会后悔。
(3) 只要声明方和行为方的利益不是对立的,那么口头声明肯定能传递一些信息。
(4) 如果在声明博弈中,声明方的类型连续分布在某个闭区间上时,分区间的部分合并完美贝叶斯均衡能达到的区间数越多,声明的信息传递作用越强。
(5) 教育程度在劳动力市场招聘员工时受到重视的理由是,经济学已经证明教育对于提高劳动力素质有不可替代的作用。
(6) 不完全消息动态博弈分析的基本方法也是逆推归纳法。
(7) 运用海萨尼转换以后,不完全信息动态博弈与完全但不完美信息动态博弈基本上是相同的。

参考答案:
(1) 正确。因为不完全信息静态博弈的海萨尼转换也适用于不完全信息动态博弈，而经过海萨尼转换的不完全信息动态博弈与完全但不完美信息动态博弈没有多少差别。不完全信息动态博弈与完全但不完美信息动态博弈本质上常常相同，往往是对同一个问题的不同理解和表达方式。

(2) 错误。即使自己对古玩价值的判断是完全正确的，仍然有可能后悔。因为古玩交易的价格和利益不仅取决于古玩的实际价值和自己的估价，还取决于对方的估价和愿意接受的成交价格，所以仅仅自己作出正确估价并不等于能实现最大的潜在利益。

(3) 错误。即使声明方和行为方的利益之间没有对立关系，也不一定能通过口头声明传递信息。因为有时可能声明方的类型对行为方利益无关，或者行为方的行为对声明方的利益无关，在这些情况下口头声明也不一定能传递信息。

(4) 正确。这正是连续型声明博弈模型信息传递的基本机制。

(5) 错误。事实上经济学并没有证明教育对于提高劳动力素质有不可替代的作用。此外，我们之所以认为教育对劳动力市场招聘员工有重要参考价值，是因为教育除了(很可能)对提高劳动力素质有作用以外，还具有重要的信号机制的作用。也就是说，即使教育并不能提高劳动力素质，往往也可以反映劳动力的素质。

(6) 错误。其实逆推归纳法在不完全信息动态博弈中常常无法直接运用。因为这种博弈的基本均衡概念是完美贝叶斯均衡，其中的判断与博弈方的策略选择有关，与策略的确定常常是交叉在一起的，所以无法从最后一阶段开始直接确定博弈方的策略选择。

(7) 正确。事实上，不完全信息动态博弈与完全但不完美信息动态博弈本质上常常是相同的，是一种博弈问题的两种不同理解方法，而把它们联系起来的桥梁就是海萨尼转换。

2. 教育有信号机制作用的关键是什么？教育的信号机制作用有什么价值？

参考答案：

教育有信号机制作用的关键原因是，不同素质能力的人接受同样教育和获得相同学历的成本代价有差异，素质能力较低的人追求更高教育程度、更高学历往往得不偿失，一般不愿意选择接受更多教育和追求更高学历，因此，可以从教育程度、学历等方面获得人们素质能力方面的信息。

教育具有信号机制作用意味着可以将教育背景、学历、考试等作为甄别和筛选人才、招聘雇用员工和进行人力资源管理参考依据、方法，从而提高招聘工作和劳动力资源配置的效率。教育的信号机制作用对于我们更好地认识教育的功能、教育制度的问题，更好地进行人力资源和劳动力市场管理等也都有重要意义。

3. 假设你经营一家企业或者是一家公司的人事经理，你觉得在员工招聘和管理的哪些方面可以怎样运用博弈论和信息经济学的思想和原理？

参考答案：

（1）在人才和劳动力招聘方面，在对此类人才市场供求情况调查了解的基础上，设计出以信号机制、信号博弈模型为核心的筛选、招聘的机制和方式，如考试方式和内容，提出更合理的工作经验或学历要求等。

（2）在职工招聘管理方面，设计和运用合理的试用人员比例和试用期，对聘用人员作进一步的考察和筛选，以进一步提高招聘人才的准确性和效率。

（3）在薪酬制度方面，利用委托代理理论等，设计和运用有效的薪酬制度，以激励聘用人员的工作积极性，从而最大限度地为公司创造利益。

4. 两寡头古诺产量竞争模型中厂商 i 的利润函数为 $\pi_i = q_i(t_i - q_j - q_i)$,$i = 1, 2$。若 $t_1 = 1$ 两厂商的共同知识,而 t_2 则是厂商 2 的私人信息,企业 1 只知道 $t_2 = 3/4$ 或 $5/4$,且 t_2 取这两个值的概率相等。若厂商 2 先选择产量,然后厂商 1 再选择产量,请找出该博弈的纯策略贝叶斯均衡。

参考答案:

本博弈表面上是一个信号博弈模型,但实际上由于后行为的厂商 1 的利益不受厂商 2 的类型 t_2 影响,因此,可以直接用逆推归纳法进行分析。

由于后选择的厂商 1 的利润只受先选择的厂商 2 产量的影响,而不受其参数类型的影响,因此,我们可以根据逆推归纳法直接分析第二阶段厂商 1 的选择。假设厂商 2 在第一阶段选择的产量是 q_2,那么厂商 1 选择 q_1 的利润为:

$$\pi_1 = q_1(1 - q_1 - q_2)$$

厂商 1 最符合自身利益的产量满足:

$$1 - 2q_1 - q_2 = 0$$

即厂商 1 有反应函数:

$$q_1 = \frac{1 - q_2}{2}$$

现在再回到第一阶段厂商 2 的选择。如果 $t_2 = 3/4$,那么此时厂商 2 的利润函数是:

$$\pi_2 = q_2 \left(\frac{3}{4} - q_1 - q_2 \right)$$

把厂商 1 的上述反应函数代入该函数可得:

$$\pi_2 = q_2 \left(\frac{3}{4} - q_1 - q_2 \right)$$

第七章 不完全信息动态博弈习题指南

$$= q_2\left(\frac{1}{4} - \frac{q_2}{2}\right)$$

因此，厂商 2 最符合自己利益的产量满足：

$$\frac{1}{4} - q_2 = 0$$

也就是 $q_2 = 1/4$。再把 $q_2 = 1/4$ 代入厂商 1 的反应函数可得：

$$q_1 = \frac{1 - q_2}{2} = \frac{3}{8}$$

如果 $t_2 = 5/4$，那么，此时厂商 2 的利润函数是：

$$\pi_2 = q_2\left(\frac{5}{4} - q_1 - q_2\right)$$

把厂商 1 的上述反应函数代入该函数可得：

$$\pi_2 = q_2\left(\frac{5}{4} - q_1 - q_2\right)$$

$$= q_2\left(\frac{3}{4} - \frac{q_2}{2}\right)$$

因此，厂商 2 最符合自己利益的产量满足：

$$\frac{3}{4} - q_2 = 0$$

也就是 $q_2 = 3/4$。再把 $q_2 = 3/4$ 代入厂商 1 的反应函数可得：

$$q_1 = \frac{1 - q_2}{2} = \frac{1}{8}$$

综合上述分析我们可以得出结论，本博弈中当 $t_2 = 3/4$ 时均衡是厂商 1 生产 3/8，厂商 2 生产 1/4，当 $t_2 = 5/4$ 时均衡则是厂商 1 生产 1/8，厂商 2 生产 3/4。上述均衡与类型的概率分布无关。

5. 假如某商品的确切价值是 100,这只有卖方知道,你作为买方只知道该商品的价值标准分布于 [80, 110] 上。假设由于属于积压货和需要回笼资金,因此,卖方对该商品的主观价值评价是在客观价值上打 7 折,而且这一点你也知道。如果交易价格由卖方提出,你只能选择是否接受,问该博弈中卖方和你各自的合理策略是什么?

参考答案:

首先把这个信号博弈的基本情况明确一下:在这个信号博弈中,类型是商品的客观价值,我们记为 V,类型空间是 [80, 110]。本博弈的信号发出方是卖方,信号是卖方提出的价格,记为 P,由于卖方的主观价值评价只有客观价值的 7 折,而且要考虑能够卖得出去,因此,信号空间是 [56, 110]。本博弈的信号接收方是买方,信号接收方的行为空间仍然只有两个元素,即 {接受,不接受}。如果双方以价格 P 成交,那么,买方的利益是 $V - P$,卖方的利益是 $P - 0.7V$。

我们仍然用类似逆推归纳法的方法进行分析。首先可以肯定的是,由于买方并不知道该商品的确切价值 100,因此,卖方提的价格不一定以它为基础,而且即使以它为基础买方也不一定相信。所以我们仍然假设卖方提出的价格是信号空间中任意可能的 P。如果看到的这个信号 $P < 77$,那么买方可以判断类型 V 标准分布于 $[80, P/0.7]$,买方如果接受价格,期望得益为:

$$Eu_1 = \int_{80}^{P/0.7} (V - P) \frac{1}{\frac{P}{0.7} - 80} dV$$

$$= 40 + \frac{P}{1.4} - P = 40 - \frac{2P}{7}$$

因为不接受价格的得益为 0,所以当 $40 - \frac{2P}{7} > 0$,也就是 $P < 140$

时,买方都会接受。由于推导出买方策略的前提是 $P < 77$,因此这等于是 $P < 77$ 时买方都会选择买,$P > 77$ 时的情况需要另外分析。

如果买方看到的信号 $P > 77$,那么买方只能判断类型 V 标准分布于 $[80, 110]$,买方如果接受价格,则期望得益为:

$$Eu_2 = \int_{80}^{110} (V-P) \frac{1}{30} dV$$
$$= 95 - P$$

因为不接受价格的得益为 0,所以当 $95 - P > 0$,也就是 $P < 95$ 时,买方都会接受。结合前提得 $77 < P < 95$ 时买方会接受价格购买。

有了上述对买方选择的分析,不难确定卖方的最优选择。因为卖方的利益要求尽可能提高卖价,而在模型假设下卖方能够卖出去的最高价格不超过 95,而且卖方知道商品的实际价值为 100,对他(或她)自己来说价值时是 $0.7 \times 100 = 70$,所以卖方的最佳选择是提出一个接近 95,例如 94.8 的价格,买方接受是本博弈中双方最合理的选择。

6. 厂商 A 面临着一个潜在竞争者厂商 B,如果厂商 B 进入该市场则厂商 A 既可以打击也可以容忍。设厂商 B 不进入市场 A 的利润是 3/4,如果厂商 B 进入厂商 A 容忍则厂商 B 独享 1 单位利润,如果厂商 B 进入厂商 A 打击则有两种可能性:两者得益为 $(1/2, -1)$ 的概率为 x,得益为 $(-1, -1)$ 的概率是 $1-x$。请问该博弈的均衡是什么?

参考答案:

如果把结果的不确定性作为自然(博弈方 0)的随机选择引进博弈,则该博弈的扩展形表示如下(其中,第一个数字是厂商 B 的

得益,第二个数字是厂商 A 的得益):

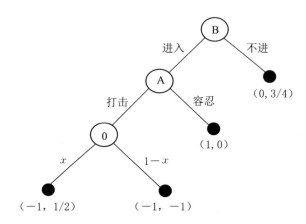

为了简单起见,我们先计算出厂商 B 进入而厂商 A 打击时双方的期望得益:厂商 A 的期望得益为 $x \cdot \frac{1}{2} + (1-x) \cdot (-1) = \frac{3x}{2} - 1$,厂商 B 的期望得益为 -1。

根据逆推归纳法先分析第二阶段厂商 A 的选择。由于厂商 A 在第二阶段打击的期望得益是 $\frac{3x}{2} - 1$,容忍的得益是 0,因此,当 $\frac{3x}{2} - 1 > 0$,也就是 $x > \frac{2}{3}$ 时厂商 A 肯定会选择打击,而在 $\frac{3x}{2} - 1 < 0$,也就是 $x < \frac{2}{3}$ 时厂商 A 应该选择容忍。

厂商 B 知道厂商 A 的这种选择思路,因此,在 $x > \frac{2}{3}$ 的情况下,因为进入被打击的得益小于不进的得益($-1 < 0$),应该选择不进;在 $x < \frac{2}{3}$ 时进入被容忍的得益大于不进的得益($1 > 0$),应该选择进入。

因此,该博弈的均衡有几种可能性:当 $x > \frac{2}{3}$ 时是"厂商 B 不进,厂商 A 打击",双方得益 (0, 3/4);当 $x < \frac{2}{3}$ 时是"厂商 B 进入,厂商 A 容忍",双方得益 (1, 0);此外在 $x = \frac{2}{3}$ 时实际上还有一个混合策略纳什均衡。这个混合策略纳什均衡读者可自行分析一下。

7. 市场进入博弈中,企业 1 选择是否进入,企业 2 选择打击还是容忍。假定企业 2 的成本有高低两种可能(C_H 或 C_L),真实成本是企业 2 的私人信息,企业 1 只知道前者的概率是 θ,后者的概率是 $1-\theta$。假设对应企业 2 的两种成本,双方博弈的得益如下列矩阵中所示。请找出企业 1 的最优策略。

企业 2

		容忍	打击
企业 1	进入	40, 60	−20, 0
	不进	0, 200	0, 200

(成本 C_H)

企业 2

		容忍	打击
企业 1	进入	30, 90	−20, 130
	不进	0, 300	0, 300

(成本 C_L)

参考答案:

本题中由于有完全信息的企业 2 后选择,因此,我们可以分不同的情况直接用逆推归纳法分析,也就是先分析企业 1 进入后企业 2 打击还是容忍的选择。

假设企业 2 属于高成本 C_H 的情况,这时候容忍得益为 60,打击得益为 0,因此,企业 2 的当然选择是容忍。如果企业 2 属于低成本 C_L 的情况,那么容忍得益为 90,打击得益为 130,选择打击是正确的。

现在再回到企业 1 第一阶段对是否进入的选择。企业 1 清楚企业 2 在两种不同成本情况下的上述选择,但不清楚企业 2 究竟是哪种成本,因此他(或她)只能根据企业 2 两种成本的概率计算自己进入的期望得益。根据企业 2 成本为 C_H 和 C_L 的概率分布 θ 和 $1-\theta$,企业 1 第一阶段选择进入的期望得益为 $40\theta+(-20)(1-\theta)=60\theta-20$。因为企业 1 不进的得益是 0,所以对于风险中性的企业 1 来说,当 $60\theta-20>0$,也就是 $\theta>1/3$ 时,应该进入,$\theta<1/3$ 时则不能进入,$\theta=1/3$ 则进入和不进入都可以。这就是企业 1 在该博弈中的最佳选择。

结合上述两阶段分析可知,在该博弈中,企业 1 在 $\theta>1/3$ 时进入,否则不进入,而企业 2 则高成本时容忍,低成本时打击,是该博弈的均衡结果。

8. 在某一垄断市场本来只有厂商 A,长期中垄断利润的现值是 1 000 万元。现有一厂商 B 进入市场,厂商 B 的长期成本可能有两种情况:$C_H=300$ 万元和 $C_L=200$ 万元,但厂商 A 不了解厂商 B 的真实成本。假设厂商 A 为了避免价格竞争决定收购厂商 B,有两种方案可以考虑:
   (1) 收购价 200 万元,并让厂商 B 分享 10% 的长期利润;
   (2) 不付现金让厂商 B 分享 15% 的长期利润。如果厂商 B 接受则企业会被关闭。如果厂商 B 不接受则双方各获得 400 万元长期利润,但厂商 B 还有上述成本。请问厂商 A 判断厂商 B 高成本可能性多大时会选择方案(1)?

参考答案：

由于厂商 B 被收购后会被关闭，不再创造利润也不再发生成本，因此在厂商 B 两种不同的成本情况下双方博弈的得益如下列两个得益矩阵中所示：

		厂商 B 接受	厂商 B 拒绝
厂商 A	方案 1	700, 300	400, 100
厂商 A	方案 2	850, 150	400, 100

（成本 C_H）

		厂商 B 接受	厂商 B 拒绝
厂商 A	方案 1	700, 300	400, 200
厂商 A	方案 2	850, 150	400, 200

（成本 C_L）

先分析厂商 B 第二阶段的选择。根据上述两个得益矩阵很容易判断，如果厂商 B 的成本是高成本，那么，不管厂商 A 提出的收购方案是哪一个，厂商 B 都会接受，但如果厂商 B 的成本是低成本，那么只会接受方案(1)，而不可能接受方案(2)。

厂商 A 清楚厂商 B 的上述策略，因此，如果假设 C_H 的概率是 θ，那么，厂商 A 选择方案(1)的得益是确定性的 700，而选择方案(2)的得益是有不确定性的期望得益 $850\theta + 400(1-\theta) = 450\theta + 400$。只有当 $700 > 450\theta + 400$，也就是 $\theta < 2/3$ 时，厂商 A 选择代价比较高的方案(1)才是合理的，构成完美贝叶斯均衡。因此，本题的答案是厂商 A 判断厂商 B 高成本概率不大于 2/3 时会选择比较保险的方案(1)。

9. 假设在一个经济案件中,原告清楚上法庭自己是否能赢,而且这一点是原被告双方的共同知识,而被告不清楚谁会赢,只知道原告赢的可能性是 1/3。再假设原告胜诉时净利益为 3,被告净利益为 −4,原告败诉时净利益为 −1,被告净利益为 0。如果原告在起诉之前可以先要求被告赔偿 M=1 或 M=2 和解,被告接受就不上法庭,拒绝则上法庭。请用扩展形表示该博弈,并找出该博弈的均衡。

参考答案:

如果增加自然对原告上法庭是否会赢的随机选择的第一阶段,该博弈就转化成了与双价二手车交易模型相似的完全但不完美信息动态博弈。此时博弈的扩展形如下:

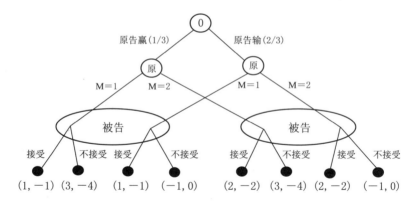

首先根据上述得益情况容易看出,因为原告采用 M=2 是相对于 M=1 的上策,所以原告不管自己上法庭是会赢还是会输,都要求 M=2。

原告的上述策略被告也可以分析出来,因此,被告在看到 M=2 时的判断应该是原告能赢的概率是 1/3,即 p(原告赢 | M=2) = 1/3,p(原告输 | M=2) = 2/3。

根据上述判断,被告接受原告的提议有得益 −2,而不接受提

议则有期望得益 $1/3\times(-4)+2/3\times 0=-4/3>-2$,因此,被告拒绝接受和解提议是满足序列理性要求的策略选择。

综合上述分析可以得出结论,在该博弈中"原告不管上法庭自己会赢还是会输都要求 M=2;而被告在原告要求 M=2 时判断原告只有 1/3 的机会会赢,在对方要求 M=1 时判断对方肯定会输;被告不管对方提出的和解要求是 M=1 还是 M=2 都不接受",构成本博弈的一个合并纯策略完美贝叶斯均衡。

10. 如果上一题改为原告对上法庭的结果也只有与被告相同的概率判断。问这时候博弈的扩展形和均衡将如何变化?

解答提示:

在这种情况下,原告的信息也不完全,其选择信息集也是多节点的。此时原告的选择不影响被告的概率判断,可根据不确定性下的双方各自的期望利益直接用逆推归纳法进行分析。

11. 某国制定政策的程序是先由议会提出政策 p(p 可用[0,1]中任一点代表),然后由总统决定是否签署。假设当前的政策是 s,对议会来说理想的政策是 c,$0<c<s<1$,即议会的理想政策是从现状向左变动。但对总统来说理想的政策是 t,t 的值只有总统自己清楚,议会只知道 t 标准分布在[0,1]上。进一步假设一旦总统签署 p,议会得益 $-(c-p)^2$,总统得益 $-(t-p)^2$。而如果 p 被总统否决,就维持原政策不变,此时议会和总统分别得益 $-(c-s)^2$ 和 $-(t-s)^2$。请找出该博弈的完美贝叶斯均衡。

参考答案:

因为有完全信息的总统的选择在后,所以可以直接用逆推归纳法进行分析。我们先分析在议会提出政策 p 以后总统的选择。对于总统来说,其实选择是比较简单的,因为他(或她)只有签署和

否决两种选择,签署得益$-(t-p)^2$,否决得益$-(t-s)^2$,所以如果$-(t-p)^2>-(t-s)^2$,会选择签署,反过来则选择否决。因此,议会提出的政策p得以执行的条件是$|t-p|<|t-s|$。因为$c<s$,所以议会不会愿意提出大于s的p,可以肯定$0<p<s$是成立的。综上,只有在$t>\frac{p+s}{2}$时,总统才会愿意签署$p(0<p<s)$(注意,$\frac{p+s}{2}<1$肯定成立)。由于t均匀分布在$[0,1]$上,因此,议会提出的政策$p(p<s)$被批准的概率是$1-\frac{p+s}{2}$,被拒绝的概率为$\frac{p+s}{2}$。

现在回到第一阶段议会的选择。根据上述政策被批准的概率,可以计算出议会的期望得益是$-(c-p)^2\times\left(1-\frac{p+s}{2}\right)+[-(c-s)^2]\times\frac{p+s}{2}$。通过一阶条件就可以求出实现该期望得益最大化的最佳政策p(是c和s的函数)。

本博弈的完美贝叶斯均衡是议会采用上述最佳政策,总统则根据议会提出的政策和自己的政策偏好是否满足$t>\frac{p+s}{2}$决定是否签署。

12. 如果上一题中议会的偏好的政策c总是比总统偏好的政策t小1/3,对此双方都是知道的。再假设总统可以在议会提出政策之前,通过在议会发表演说等方法向议会传递关于自己立场的信息。问总统可以传递怎样的信息?如果c只是比t小1/20呢?

参考答案：

现在的博弈问题类似于 7.2.3 连续型声明博弈。如果直接借鉴 7.2.3 连续型声明博弈的结论，可知当议会和总统的政策差为 1/3，实际上总统根本不可能传递信息。

当议会和总统的政策差为 1/20 时，总统最多能够把政策区间 $[0,1]$ 分为不大于 $[1+\sqrt{1+40}]/2$ 的整数，也就是不多于 3 个区间，传递自己偏好的政策所处区域的信息。

读者可参照教材相关内容自行划分声明区间，并构造部分合并完美贝叶斯均衡。

第八章 博弈学习和进化博弈论习题指南

8.1 教材思考练习题

1. 有限理性博弈方之间的博弈与完全理性博弈方之间的博弈有什么区别？在完全理性假设下分析有限理性博弈方之间的博弈可能导致什么问题？

参考答案：

有限理性博弈方之间博弈与完全理性博弈方之间博弈根本区别在于，前者没有足够的意识和能力寻找和采用博弈问题的最优策略，而且还常常会犯错误，因此，常常不会采用完全理性博弈分析预测的均衡策略，而后者理论上会采用博弈方之间交互反应条件下的最优策略。

正是因为上述原因，在完全理性假设下分析有限理性博弈方之间的博弈，可能导致的问题就是分析结果和预测完全无效，给理论判断和现实应用造成误导。

2. 最优反应动态、虚拟行动和复制动态分析得到的结论有什么理论和现实意义，对预测当前的经济均衡有没有作用？

参考答案：

以最优反应动态、虚拟行动和复制动态为核心的进化博弈分析及其结论，对于加深我们对社会经济问题本质特征的认识，对博弈论和一般决策、经济理论作用和局限性的认识，对于指导社会经济实践，都有非常重要的理论和实践意义。因为进化博弈分析是以有限理性而不是完全理性为基础的，所以更符合实际情况，对解释现实中事物的内在规律，指导人们的实践活动价值更大，而且对揭示建立在理想化行为主体基础上的经济、决策理论的内在缺陷有重要作用；进化博弈分析也有筛选、检验完全理性博弈分析均衡、结论的作用。此外，由于最优反应动态和复制动态与经济主体的理性层次密切相关，因此，进化博弈分析对加深我们对自身理性特征和局限性的认识也有重要的作用。

一般来说，进化博弈分析研究的主要是社会经济现象和问题的长期动态趋向和稳定性，不一定能准确预测当前经济问题的均衡结果。只有对已有较长期发展过程的事物，才能对其当前的经济均衡作较有效的预测。

3. 在 2×2 对称博弈的复制动态进化博弈中，如果 $a=b=c=d$，该博弈是否存在进化稳定策略 ESS？

参考答案：

不存在。虽然由于所有策略的得益都相同，博弈方从任何初始策略出发都没有改变自己策略的愿望，因此，任何策略的群体比例都具有稳定性，但因为任何策略比例都不满足 ESS 的后一个条件"一旦偏离仍然会趋向它，微小的偏离扰动不会破坏它"的性质，所以任何策略比例都不可能是该博弈的 ESS。

4. 是否每个 2×2 对称博弈的复制动态进化博弈都存在 ESS？是否都存在纯策略 ESS？

参考答案：

答案都是否定的。上一题就给出了一种否定的例子。

第八章　博弈学习和进化博弈论习题指南　　173

5. 如果把第二节古诺调整中的寡头产量博弈模型改为动态博弈，也就是两寡头的产量选择是依次的而不是同时的，其最优反应动态的分析结论与静态模型时是否相同，为什么？

参考答案：

　　相同。因为在最优反应动态进化博弈分析中，博弈方都被理解为没有预见能力，都只能对其他博弈方的前期策略进行反应，动态博弈和静态博弈的区别不再存在，两种博弈的分析结论只能是相同的。

6. 分析下列得益矩阵表示博弈的最优反应动态的策略稳定性，假设：（1）群体中有四个博弈方，沿一圆周分布，各自对相邻博弈方的前期策略作最优反应；（2）群体中有四个博弈方，各个博弈方对所有博弈方的上期策略作最优反应。

		博弈方2 A	博弈方2 B
博弈方1	A	3, 3	0, 0
博弈方1	B	0, 0	2, 2

参考答案：

　　（1）先分析博弈方根据最优反应动态调整策略的规则。设 t 时期博弈方 i 的邻居中采用 A 策略的数量为 $x_i(t)$，采用 B 策略的数量为 $2-x_i(t)$，其中，$x_i(t)$ 只能取 0、1、2，那么，只有在博弈方 i 采用 A 的得益大于采用 B 的得益：

$$x_i(t) \cdot 3 + [2-x_i(t)] \cdot 0 > x_i(t) \cdot 0 + [2-x_i(t)] \cdot 2$$

即 $x_i(t) > 4/5$ 时，博弈方 i 在 $t+1$ 时期会采用 A，否则会采用 B。由于 $x_i(t)$ 只能取 0、1、2 三个数值，因此，只要博弈方 i 的两个邻居中有 1 个在 t 时期采用 A，博弈方 i 在 $t+1$ 时期就会采用 A，如果两个邻居一个都没有采用 A,博弈方 i 在 $t+1$ 时期应采用 B。这对四个博弈方都适用。

该博弈中博弈方采用不同策略的初始情况总共有 $2^4=16$ 种可能性。根据上述策略调整规则,初始都采用 A 或 B 的不会变化;有 3 个 A 的四种情况,有相邻 2 个 A 的四种情况,都会收敛到所有博弈方都采用 A;有分隔 2 个 A 的两种情况,以及只有 1 个 A 的四种情况,动态系统会反复循环而不会收敛。

(2) 这部分请读者自己练习。提示:先设 t 时期博弈方 i 以外的三个博弈方中采用 A 策略的数量为 $x_i(t)$,然后根据 t 时期采用两种策略得益的大小确定选择策略的标准,再根据该标准讨论不同初始情况的进化博弈结果。

7. 分析上一题中博弈的大群体复制动态进化稳定策略(ESS),并说明分析结果所隐含的现实意义。

参考答案:

上一题博弈是 2×2 对称博弈。设群体成员采用 A 策略的比例为 x,根据两人 2×2 对称博弈复制动态的一般公式,x 的复制动态方程为:

$$\frac{\mathrm{d}x}{\mathrm{d}t}=x(1-x)[x(a-c)+(1-x)(b-d)]$$
$$=x(1-x)(5x-2)$$

该复制动态方程有三个稳定状态 $x^*=0$、$x^*=1$ 和 $x^*=2/5$,其中 $x^*=0$ 和 $x^*=1$ 是 ESS。当初始 $x<2/5$ 时复制动态会收敛到 $x^*=0$,即所有博弈方都采用策略 B;当初始的 $x>2/5$ 时复制动态将收敛到 $x^*=1$,即所有博弈方都采用策略 A。

上述复制动态进化博弈的结论,说明在这种协调博弈类型的博弈问题中,长期中反复的实践、学习和策略调整,总是可以使博弈方最终默契于不一定最理想,但至少有合理性的均衡策略组合之一,效率很差的非纳什均衡纯策略组合,或者碰运气的混合策略都会被淘汰。初始策略比例不同可能收敛于不同效率 ESS 的结论,意味着可以通过控制、改变初始策略比例实现更理想、效率更高的均衡,这对于经济管理思路有重要启发作用。

8. 若图 8.18 的鹰鸽博弈中 $v=2$, $c=100$,发生剧烈冲突的机会有多大?若 $v=12$, $c=10$,发生剧烈冲突的机会有多大?这些结论对我们有什么启发?

参考答案:

教材图 8.18 的鹰鸽博弈得益矩阵如下:

		博弈方 2	
		鹰	鸽
博弈方 1	鹰	$\frac{v-c}{2}, \frac{v-c}{2}$	$v, 0$
	鸽	$0, v$	$\frac{v}{2}, \frac{v}{2}$

利用教材中导出的对称鹰鸽博弈复制动态方程(其中 x 表示采用"鹰"策略博弈方的比例):

$$\frac{dx}{dt} = F(x) = x(1-x)\left[\frac{x(v-c)}{2} + \frac{(1-x)v}{2}\right]$$

先把 $v=2$, $c=100$ 代入上式,得到:

$$\frac{dx}{dt} = F(x) = x(1-x)(1-50x)$$

该复制动态方程的三个稳定状态分别为 $x^*=0$、$x^*=1$ 和 $x^*=1/50$,因为 $F'(0)>0$, $F'(1)>0$,而 $F'(1/50)<0$,所以只有 $x^*=1/50$ 是 ESS。这是一个混合策略,也就是生物学中所谓"多

态"的 ESS。长期中群体成员采取"鹰"策略的比例会稳定在 1/50 左右，49/50 的人会采用鸽策略，发生严重冲突的机会是 1/2 500，相互和平共处占 2 401/2 500，忍让一方受霸道一方欺负的机会占 98/2 500。与参数值 $v=2$，$c=12$ 时相比，发生严重冲突和霸权主义者欺负和平人士、国家的机会小了许多。这体现了冲突、战争成本的提高对抑制战争和维护和平的积极作用。

再把 $v=12$，$c=10$ 代入上述复制动态方程，得到：

$$\frac{\mathrm{d}x}{\mathrm{d}t} = F(x) = x(1-x)(6-5x)$$

该复制动态方程的三个稳定状态分别为 $x^*=0$、$x^*=1$ 和 $x^*=6/5$，其中 $x^*=6/5$ 不在 $[0, 1]$ 之间，只有 $x^*=1$ 是 ESS。长期中群体成员都会趋向于采取"鹰"策略，发生严重冲突的机会将趋向于 100%。这体现了争夺利益大而战争成本相对较小，或只是人们认为争夺的利益较大而成本较小的情况下，激烈冲突几乎不可避免。

上述两种情况鹰鸽博弈分析给我们的重要启示是：重视战争的成本代价，看轻争夺的利益，有利于抑制战争和促进和平。此外，核威慑等人为增大战争成本代价的手段对维护和平常常也是有用的。当然，利用核威慑维护和平也是有很大风险的，因为一旦真的爆发战争，造成的破坏比常规战争更大。

9. 对于图 8.10 得益矩阵表示的蛙鸣博弈，如果 $m=0.6$，$P=0.8$，蛙鸣成本 z 分别满足什么条件时，有：(1) 不叫是 ESS；(2) 部分鸣叫、部分不叫是 ESS；(3) 鸣叫是 ESS。

参考答案：

教材图 8.10 蛙鸣博弈的得益矩阵如下：

	雄蛙2	
	鸣叫	不鸣
雄蛙1 鸣叫	$P-z, P-z$	$m-z, 1-m$
雄蛙1 不鸣	$1-m, m-z$	$0, 0$

该博弈的复制动态进化博弈中,如果鸣叫雄蛙的比例为 x,那么复制动态方程为:

$$\frac{\mathrm{d}x}{\mathrm{d}t}=x(1-x)[x(P-z-1+m)+(1-x)(m-z)]$$

把 $m=0.6, P=0.8$ 代入该复制动态方程,得:

$$\frac{\mathrm{d}x}{\mathrm{d}t}=x(1-x)[0.6-z-0.2x]$$

该复制动态的三个稳定状态是 $x^*=0$、$x^*=1$ 和 $x^*=(0.6-z)/0.2$。根据 ESS 的判断法则,不难判断出当 $z>0.6$ 时,$x^*=0$,即所有雄蛙都不叫是 ESS;当 $0.4<z<0.6$ 时,$x^*=(0.6-z)/0.2$,也就是部分雄蛙鸣叫,部分不鸣叫是 ESS;当 $z<0.4$ 时,$x^*=1$,即所有雄蛙都鸣叫是 ESS。

10. 三个矿泉水厂商产量分别为 q_1、q_2 和 q_3,市场总产量 $Q=q_1+q_2+q_3$,市场出清价格 $P=P(Q)=20-Q$,三个厂商都无固定成本和边际成本。(1)如果三个厂商同时决策,初始产量分别是 4、8 和 6 单位,分析有限理性博弈的最优反应动态;(2)如果三个厂商初始产量都是 6,分析最优反应动态;(3)讨论上述两种最优反应动态的异同及其原因。

参考答案:

根据价格函数和成本情况,三个厂商的利润函数为($i=1$、2、3):

$$\pi_i = P \cdot q_i = [20 - (q_1 + q_2 + q_3)] \cdot q_i$$

三个厂商最优反应动态函数为：

$$q_1 = R_1(q_2, q_3) = 10 - \frac{q_2}{2} - \frac{q_3}{2}$$

$$q_2 = R_2(q_1, q_3) = 10 - \frac{q_1}{2} - \frac{q_3}{2}$$

$$q_3 = R_3(q_1, q_2) = 10 - \frac{q_1}{2} - \frac{q_2}{2}$$

（1）初始产量分别4、8和6单位时，三个厂商的最优反应动态是(4, 8, 6)—(3, 5, 4)—(5.5, 6.5, 6)—(3.75, 4.25, 4)—(5.875, 6.125, 6)……最终向均衡(5, 5, 5)收敛。

（2）三个厂商初始产量都是6时，最优反应动态是(6, 6, 6)—(4, 4, 4)—(6, 6, 6)—(4, 4, 4)……三个厂商产量都在6和4之间波动循环，不会收敛。

（3）很显然，前一种情况经过不断调整会收敛到均衡，后一种无法收敛到均衡产量。后一种情况无法收敛的原因是三个厂商不仅缺乏预见性，一味根据前期情况盲目调整，而且同步调整正好陷入了死循环。

11. 试用博弈学习理论的最优反应动态模型，讨论我国高校招生中有些高校生源、录取分数的大小年问题。

参考答案：

以考生在以往报考学生数和录取分数线接近的A、B两所高校中选择的问题为例。假设某年由于A加大了招生宣传力度等原因，报考学生数大增（如报考A的考生超两校总数七成），导致A的录取分数远高于B。下一年考生选择志愿显然会受上一年两校报考数和录取分数影响，基本符合最优反应动态的逻辑。可以预计下一年在两校中选择的大部分考生,特别是低于上一年 A 录取分数线的考生会转向 B,从而导致选择 B 的考生数和 B 的录取分数线大涨,反超 A。而这又会导致再下一年多数考生转向 A。最终很可能形成两校报考数和录取分数大小年的交替循环,除非许多考生增强了预见性或受到其他因素的影响干预。

8.2 补充练习题

1. 判断下列论述是否正确,并作简单分析。
  (1) 最优反应动态意味着有限理性的博弈方会采用针对其他博弈方前期策略的最优策略,因此虽然这类博弈方可能无法一开始就找到和采用均衡策略,但经过一次策略调整就能找出和采用均衡策略,实现博弈均衡。
  (2) 每个有限理性进化博弈的 ESS,都对应完全理性博弈问题的一个纳什均衡。
  (3) 静态博弈的所有纯策略纳什均衡都是进化博弈的 ESS。
  (4) 一个复制动态的 ESS 就是这样的博弈均衡:复制动态会趋向它,少数博弈方的错误不会毁掉它。
  (5) 如果一种策略或策略组合是一个 ESS,那么进化博弈的动态调整一定会收敛于它。
  (6) 对一个非对称博弈,如果 (X, Y) 是一个 ESS,那么它必须是一个严格纳什均衡,即每个博弈方的策略都是对其他博弈方策略的唯一最优反应的纳什均衡。
  (7) 非对称博弈的 ESS 必须都是纯策略的。
  (8) 现实中的经济主体普遍是有限理性而不是完全理性的。

参考答案:
  (1) 错误。因为一个博弈方调整策略后,其他博弈方的策略可能不是最优的,还会调整,所以虽然最优反应动态意味着博弈方能迅速找到和采用针对其他博弈方前期策略的最优策略,但并不意味着调整后的策略一定是均衡策略,也不意味着一次策略调整就能实现均衡。

(2) 正确。ESS 必须是相应完全理性博弈的纳什均衡,否则就缺乏基本的稳定性,既不可能在动态调整中趋向它,也会被少量博弈方的偏离扰动破坏,根本不可能是 ESS。

(3) 错误。静态博弈的纯策略纳什均衡中有许多不是 ESS。其实正是因为这个原因和上一题的结论,ESS 被认为是精练纳什均衡的概念。

(4) 正确。这正是 ESS 的两个本质要求。

(5) 错误。一个博弈可能有多个 ESS,一般进化博弈的动态调整只会收敛到其中之一,究竟收敛到哪个常常由初始状态决定。

(6) 正确。因为如果(X, Y)不是严格纳什均衡,那么就意味着至少其中某个博弈方的策略不是对其他博弈方策略的唯一最优反应,这样的策略组合不具备对偏离扰动的稳健性,不可能是 ESS。

(7) 正确。因为根据第(6)小题结论,非对称博弈的所有 ESS 都是严格均衡,即属于唯一最优反应策略组合的均衡,而这一点与混合策略是不相容的。

(8) 正确。因为人们普遍存在认知、判断、分析、决策和行为等方面的局限性,在面对比较复杂的现实问题时,判断、决策和行为经常会偏差失误,如许多厂商不完全清楚自己的生产成本,许多消费者不了解自己的偏好,许多人明明想做 A 结果却做了 B 等,所以现实中的经济主体普遍是有限理性的。

2. 简述博弈学习理论和进化博弈论的联系和区别。

参考答案:

博弈学习理论和进化博弈论都是有限理性博弈分析方法,都是研究博弈方、经济主体存在较大理性局限情况下的策略行为及相关的市场均衡等。这两种理论与以完全理性博弈方为基础的非合作博弈理论和合作博弈理论都有很大区别,以纳什均衡或其各种扩展均衡概念为核心的分析方法常常失效。

博弈学习理论和进化博弈论的首要差别是所讨论博弈问题中的决策行为主体理性程度不同,前者的决策行为主体理性程度较高甚至接近完全理性,只是在判断、计算、决策、行为或预见能力的某些方面有局限性或可能犯错误,且有较强的学习、模仿和策略调整能力,因此,可以用最优反应动态或类似的模型模拟分析。而后者的决策行为主体理性程度很低,分析、判断、学习、预见能力很低,包括完全没有思考能力,只能本能盲目行为等,因此,无法用个体最优决策、策略调整或学习模仿等模型进行模拟和分析,只能用大群体中的竞争淘汰选择机制进行群体行为比例均衡方法分析,核心分析方法和均衡概念借鉴生物进化中物竞天择的基因遗传适应度演进的复制动态和进化稳定策略。因此,博弈学习理论和进化博弈论在多方面都有很大区别。

3. 复制动态(replicator dynamics)的基本原理是什么?在市场经济中是否有支持这种原理的证据?

参考答案:

复制动态的基本原理是:在由有限理性(理性程度可以很低)的博弈方群体中,结果比平均水平好的策略会逐步被更多的博弈方采用,或者采用结果比较差策略的个体会转变策略或被淘汰,从而群体中采用各种策略的博弈方的比例会发生变化。

在市场经济中显然有支持复制动态的有力证据。例如,长期中盈利能力处于平均水平之下的企业、经营者、经营方式或理念,都会因为企业破产、被兼并等,逐渐被市场竞争淘汰出局,而盈利能力高于平均水平的则会得到扩张,被学习、模仿或引进,从而不同企业、经营模式等在市场经济中的份额、比例也会逐渐变化。

4. 最优反应动态和复制动态的区别是什么？

参考答案：

最优反应动态和复制动态之间的区别是多方面的，主要包括如下几个方面。

第一是最优反应动态假设的博弈方理性层次高于复制动态。

第二是前者的进化博弈分析通常针对小群体成员之间的策略反应和动态调整，包括相同博弈方之间的反复博弈和动态策略调整，而后者则通常针对大群体成员之间的随机配对反复博弈，因此，研究的问题和适用的环境条件有区别。

第三是博弈方策略调整的方式不同，前者是对其他博弈方的前期策略进行反应，而后者则是根据不同策略的表现，通过与平均效率的比较进行策略调整。

第四是对动态策略调整的数学描述和处理方法不同，前者是各个博弈方采用具体策略的变化，后者是群体成员采用不同策略比例的变化，前者用反应函数进行计算，后者则运用动态微分方程进行分析。

第五是策略调整的速度不同，前者是所有博弈方同时根据前期策略进行调整，后者则是博弈方逐步、逐渐的调整。

第六是结论和结果也可能不同，对同一个博弈的最优反应动态和复制动态得到的结论，甚至收敛性都有可能不同。

正是因为有上述差别，所以用这两种动态机制作进化博弈分析适用的问题和得到结论的经济含义都有所不同。最优反应动态特别适用于产品迅速更新的市场，以及厂商采用短期利润最大化策略的市场。而复制动态则更适合分析和解释长期中市场和制度的变化演进等问题。

5. 各种市场(家庭装修、餐饮等)中相似商品和服务的价格和质量，长期中是会趋同还是会分化？为什么？

参考答案：

现实经济的各种竞争性市场中相似的商品和服务的价格和质量，应该有趋同的趋势，不仅是会趋向相互比较接近的水平，而且还会共同趋向与价值和需求相适应的合理水平。

竞争性市场价格和质量的趋同是进化力量作用的结果。因为即使市场中的多数经营者和消费者都只有有限理性，经营能力、精明程度和信息拥有都有差别，所以开始时商品和服务的价格和质量会有较大差异，但一方面经营者和消费者都会相互学习和模仿，另一方面价高质差的经营者常常首先被消费者抛弃，因此，经过一段时间后相似商品和服务的价格和质量必然会趋同，而且将向由价值等因素决定的合理水平回归。

6. 进化博弈是否必然会实现所有可能结果中最理想的结果？这能解释哪些社会经济现象？对我们有什么启发作用？

参考答案：

进化博弈不是必然会导致最佳结果。首先，ESS 本身不一定是理想的结果；其次，在许多博弈问题中存在不止一个 ESS，初始情况不利时很可能收敛于其中效率较差的 ESS；最后，因为受到许多因素的干扰，所以社会经济中的环境条件总是会发生变化，因此，即使存在唯一的高效率 ESS，也并不一定能实现它。

这可以解释为什么有些一旦被广泛接受就很可能取得巨大成功的优秀计算机操作系统，最终却会被淘汰掉，以及为什么有些经济管理制度或模式明明有很大的优越性，而且在有些国家和地区也已经得到证明，但是在另外一些国家和地区却很难被接受等现象。这都是因为在有多重 ESS 的情况下，只有初始时刻采用、接受者较多的策略，才能成为最终被普遍接受的策略，而不是哪种

ESS更有效率就更会被采用。

这些现象和结论对我们的主要启发是,在尊重规律和科学的前提下,必须重视发挥主观能动作用,放任自流的结果往往是不理想的。

7. 第二章图 2.8 夫妻之争博弈能否用复制动态的进化博弈分析方法进行分析。如能,其 ESS 是什么,结论有什么意义?

参考答案:

虽然夫妻之争不可能真正在妻子群体和丈夫群体之间进行任意配对的博弈,但由于妻子们和丈夫们也可以在策略方面相互学习和模仿,因此,对夫妻之争博弈进行复制动态的进化博弈分析也是有意义的。

图 2.8 的夫妻之争博弈得益矩阵如下:

		丈夫	
		时装	足球
妻子	时装	2, 1	0, 0
	足球	0, 0	1, 3

根据复制动态进化博弈分析方法,假设妻子群体中选择时装策略的比例为 x,选择足球策略的比例是 $1-x$;假设丈夫群体中选择时装策略的比例占 y,选择足球策略的比例是 $1-y$。再把妻子群体采用时装策略的期望得益记为 u_{wf},群体平均得益记为 $\bar{u}_w$,把丈夫群体采用时装策略的期望得益记为 u_{hf},群体平均得益记为 $\bar{u}_h$。则可以得到 x 和 y 的复制动态方程分别为:

$$\frac{dx}{dt} = x[u_{wf} - \bar{u}_w]$$
$$= x[2y - 2xy - (1-x)(1-y)]$$
$$= x(1-x)(3y-1)$$
$$\frac{dy}{dt} = y[u_{hf} - \bar{u}_h]$$

$$= y[x - xy - 3(1-y)(1-x)]$$
$$= y(1-y)(4x-3)$$

上述动态微分方程组的相位图如下:

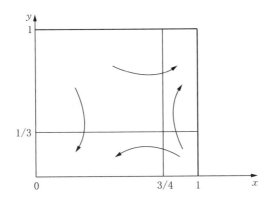

根据上述相位图可以直接看出,本博弈有两个 ESS,那就是妻子和丈夫都选择时装或都选择足球。究竟最终会收敛到哪个 ESS,取决于初始时刻采用不同策略夫妻的比例,即初始时刻的"社会风气"如何。这意味着夫妻关系、家庭和社会的行为模式的形成和演变,既有必然规律性的作用,也有偶然因素(初始状态)的影响。这说明营造积极的社会氛围对于社会环境的发展变化有时会起重要的作用,放任自流可能是很坏的政策。

8. 找出如下猎鹿博弈(教材图 2.35)的 ESS。

		博弈方 2	
		鹿	兔子
博弈方 1	鹿	5, 5	0, 3
	兔子	3, 0	3, 3

参考答案：

这是一个 2×2 对称博弈。根据复制动态进化博弈分析的一般方法，设群体成员采用鹿策略的比例是 x，采用兔子策略的比例是 $1-x$。再假设选择鹿策略的期望得益是 u_s，群体成员平均期望得益为 $\bar{u}$。那么复制动态方程为：

$$\frac{\mathrm{d}x}{\mathrm{d}t} = x[u_s - \bar{u}] = x(1-x)(5x-3)$$

该复制动态方程有三个稳定状态 $x^* = 0$、$x^* = 1$ 和 $x^* = 3/5$，其中，$x^* = 0$ 和 $x^* = 1$ 是 ESS。初始 $x < 3/5$ 时复制动态会收敛到 $x^* = 0$，即所有博弈方都采用策略 B；初始 $x > 3/5$ 时复制动态将收敛到 $x^* = 1$，即所有博弈方都采用策略 A。

9. 假设在蛙鸣博弈中有大小两种雄蛙。大雄蛙鸣叫的成本(z_1)较高，小雄蛙鸣叫的成本(z_2)较低，即 $z_1 > z_2$。再假设其他情况不变。
   (1) 问本博弈可能有哪种类型的 ESS？
   (2) 出现这些类型的 ESS 各自的条件是什么？

参考答案：

(1) 当蛙鸣博弈中的雄蛙有上述两种时，得益矩阵变为：

		小雄蛙 鸣叫	小雄蛙 不鸣
大雄蛙	鸣叫	$P-z_1, P-z_2$	$m-z_1, 1-m$
大雄蛙	不鸣	$1-m, m-z_2$	$0, 0$

这显然是一个 2×2 非对称博弈，因此，进化博弈不可能有混合策略，即大蛙中部分鸣叫部分不叫，或者小蛙中部分鸣叫部分不叫的 ESS，只可能有纯策略的，即每种蛙要么都叫，要么都不叫，或者一种叫一种不叫的 ESS。

(2) 因为对于非对称博弈来说,严格的(非弱劣的)纯策略纳什均衡一定是 ESS。根据这个标准,当同时满足 $P-z_1>1-m$ 和 $P-z_2>1-m$ 时,大小蛙都鸣叫是 ESS;当同时满足 $1-m>P-z_1$ 和 $m-z_2>0$ 时,大蛙不鸣叫小蛙鸣叫是 ESS;当同时满足 $m-z_1>0$ 和 $1-m>P-z_2$ 时,大蛙鸣叫小蛙不叫是 ESS;当同时满足 $m-z_2<0$ 和 $m-z_1<0$ 时,大小蛙都不叫是 ESS。在这四种情况中第一种和第四种可能同时成立,第二种和第三种也可能同时成立。当得益情况属于两种情况同时成立时,进化过程会收敛到哪个 ESS 与初始状态有关。

10. 两家有限理性的 VCD 公司进行如下的静态博弈:公司 1 决选择是公开还是不公开自己的系统,公司 2 决定是自己创新还是利用对方的系统,双方的得益如下列得益矩阵所示。请找出该博弈的复制动态进化稳定策略(ESS)。

		公司 2	
		创新	利用
公司 1	公开	6, 4	5, 5
	不公开	9, 1	10, 0

参考答案:

解法一:由于这是一个非对称两人 2×2 博弈的复制动态进化博弈,而且有唯一的严格纯策略纳什均衡(不公开,创新),因此,该博弈有唯一的 ESS(不公开,创新)。

解法二:分别假设两个群体中采取公开和创新策略个体比例是 x 和 y,然后根据上述得益数据建立复制动态方程组进行分析。得到结果与上一种解法相同。

(读者可自行分析。)

11. 请用进化博弈模型及其分析方法，讨论我国自行开发的 EVD 能否取代外国公司拥有核心技术的 DVD？实现这个目标需要哪些方面的条件？哪些政策、措施有利于实现这个目标？

参考答案：

该问题可以有不同的分析角度甚至方法。我们用经营(或开发)者和消费者在 DVD 和 EVD 之间选择博弈的进化博弈模型分析讨论这个问题。

经营者和消费者之间的选择博弈可以用下列虚拟数值例子为基础。假设经营者和消费者之间的博弈关系如下列得益矩阵所示：

		消费者	
		DVD	EVD
经营者	DVD	5, 5	2, 1
	EVD	−1, 3	10, 10

上述假设的现实根据为，经营者与消费者选择一致时供需匹配良好，对双方都比较有利，而且其中选择我国自有技术的 EVD 对双方都更有利(考虑经营者利润和消费者福利的长期影响)。双方选择不一致时供需错配，双方利益受损，甚至要亏损。

该博弈的完全理性一次性非合作博弈的纳什均衡有(DVD, DVD)和(EVD, EVD)两个，还有一个混合策略纳什均衡，其中，(EVD, EVD)是上策均衡，因此，完全理性的博弈方应该选择(EVD, EVD)。但现实中人们并非完全理性，此外，进口 DVD 还有先发优势等，因此，经营者和消费者的选择和均衡结果都存在不确定性。

用进化博弈分析方法进行分析，设经营者初始选择 DVD 的比例为 x，选择 EVD 的比例为 $1-x$，消费者选择 DVD 比例为 y，选择 EVD 的比例为 $1-y$。经营者选择 DVD 和 EVD 的期望得益和群体平均期望得益分别为：

$$U_{MD} = 5y + 2(1-y) = 3y + 2$$
$$U_{ME} = -y + 10(1-y) = 10 - 11y$$
$$\overline{U}_M = x(3y+2) + (1-x)(10-11y) = 14xy + 10 - 8x - 11y$$

群体选择 DVD 比例的复制动态方程为：

$$\frac{\mathrm{d}x}{\mathrm{d}t} = x(u_{MD} - \bar{u}_M) = x(1-x)(14y - 8)$$

消费者选择 DVD 和 EVD 的期望得益和群体平均期望得益分别为：

$$U_{CD} = 5x + 3(1-x) = 2x + 3$$
$$U_{CE} = x + 10(1-x) = 10 - 9x$$
$$\overline{U}_C = y(2x+3) + (1-y)(10-9x) = 11xy + 10 - 9x - 7y$$

群体选择 DVD 比例的复制动态方程为：

$$\frac{\mathrm{d}y}{\mathrm{d}t} = y(u_{CD} - \bar{u}_C) = y(1-y)(11x - 7)$$

上述动态微分方程组的相位图如下：

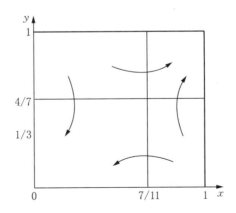

根据相位图可以直接看出，本博弈有两个 ESS，那就是经营者和消费者都选择 DVD 或都选择 EVD。最终会收敛到哪个 ESS，取决于双方初始时刻选择两类产品的比例。这说明即使经营者和消费者都明白同时支持 EVD 对双方都更有利，也不能保证市场向 EVD 主导方向发展，必须双方初始选择比例超越某个临界值才行，否则可能停留在被 DVD 主导的状态。政府想推动国产 EVD 发展和成为市场主流，可以通过补贴减税等提高 EVD 开发经营厂商的利润，也可以通过补贴等鼓励消费者购买 EVD，帮助市场超越向 EVD 发展的临界状态。

（读者如果想得到更多有意思的结论和启发，可以改变上述模型的得益情况，或用更一般的模型进行分析。）

12. 请运用进化博弈论的原理和分析方法，对我国社会主义市场经济中的诚信问题进行分析。

解答提示：

关键是建立一个包含对诚信行为、态度选择的博弈模型，可以是对称博弈（如经营者、合作者之间的博弈），也可以是非对称博弈（如经营者和消费者之间、上下游厂商之间的博弈等），然后运用进化博弈论的分析方法讨论诚信问题的内在规律和含义。

（读者可自行设计不同的具体问题、例子进行分析。）

第九章 合作博弈理论习题指南

9.1 教材思考练习题

1. 合作博弈从本质上说都是议价问题。这个说法对吗?

参考答案:

这个说法正确。

因为合作博弈的核心都是利益分配,而利益分配就涉及利益谈判。具体来说,合作博弈主要包括议价博弈和联盟博弈两大部分,其中,议价博弈本身就是针对直接的议价问题的,而联盟博弈的核心其实也是利益分配和议价,只是在有三个以上博弈方的议价问题中,常常会引出部分博弈方之间联盟的可能性及其导致的问题,最终联盟关系成为首要问题,但联盟博弈本质上仍然是关于利益分配的协调妥协,也就是议价问题。

2. 纳什议价解的实质也是博弈方的策略最优化。这个说法对吗?

参考答案:

这个说法是正确的。

虽然形式上纳什议价解是在四个基本公理的基础上构造出来的公理化解法,是一种从公平和效率出发的"仲裁"式分配方案,但本质上纳什议价解也是一种最优化策略,是议价双方的联合效用最大化策略。虽然纳什议价解不是非合作博弈那样的个体理性最优化解,但属于合作博弈的集体理性最优化解,从根本上说仍然是一种最优化策略。

3. 核和稳定集之间的关系是什么？

参考答案：

联盟博弈的核指可行分配集中所有不会被任何分配优超，或者说不会被任何联盟瓦解的分配全体。联盟博弈的稳定集指同时具有内部稳定性（集合内部分配之间不存在优超关系）和外部稳定性（所有集合外分配都至少被集合内分配之一优超）的分配集。

因为核中的分配不会被任何分配优超，或者不会被任何联盟瓦解，所以联盟博弈的核一定符合稳定集的内部稳定性和外部稳定性要求，一定属于稳定集，因此，稳定集一般是包含核的。但反过来因为优超关系是与特定联盟关联的，不一定有传递性，因此，不能保证稳定集中的分配属于核，稳定集可能是比核更大的集合。

4. 纳什议价解法四个基础公理的理论和现实意义分别是什么？

参考答案：

纳什议价解四个基本公理的理论意义是将议价博弈的利益分配问题转化成目标函数最优化的数学优化问题。其中，前两个公理就是公平和效率原则要求；后两个公理则可以将现实中由于双方存在机会、效用、个性和议价技巧等差异，而无法直接用效率性、公平性两个原则进行分析的非对称性议价问题，转化成对称议价问题，进而转化为目标函数最优化的数学优化问题。

纳什议价解四个基础公理的现实意义是：为解决双方可能在机会、效用、个性等方面存在各种差异的现实议价、利益分配问题，提供了一种基于集体理性的比较科学合理有效的合作博弈解决方法。这些基础公理对于处理现实中的各种议价、利益分配问题，以及由此引出的各种矛盾等有重要的启发作用和参考价值。

5. 如果卖方的主观价值评价是 500 元，买方的主观价值评价是 800 元，而且双方的评价都是双方的共同知识。试讨论该议价问题的结果。

参考答案：

因为这个议价问题中买卖双方对议价标的的主观价值评价分别是 800 元和 500 元，且这是双方的共同知识，所以这个议价问题相当于 800－500＝300 元的利益分配问题。根据平均主义解法，交易价格 500＋300/2＝650 元，双方得到相同的利益分配 150 元是该议价问题的合理结果。

根据纳什议价解的分析思路，交易价格在 500—800 元，双方都能得到正的利益(消费者剩余和销售者剩余)，且双方利益之和等于 300 元的交易方案，都符合帕累托效率公理。如果假设双方利益分配的效用函数相同，也就是对称议价问题。根据对称性公理，交易价格 500＋300/2＝650 元，双方得到相同的利益分配 150 元，也是该议价问题最合理的结果，也是最可能被接受采用的交易方案。

6. 在两人分 1 万元的议价问题中，假设博弈方 1 风险中性，博弈方 2 风险规避 ($u_2 = s_2^b$, $b = 0.8$)，再假设不管谈判是否成功，这 1 万元中的 2 000 元必须留给博弈方 2，求这个两人议价问题的纳什解。

参考答案：

由于这个议价问题的 1 万元中有 2 000 元不管什么情况都必须留给博弈方 2(如破产清算时员工工资有权得到优先清偿)，因此，该议价问题实质上就是分配 10 000－2 000＝8 000 元。纳什议价解是下列纳什积的约束优化问题：

$$\max_{s_1, s_2} s_1 s_2^{0.8}$$
$$\text{s.t.} \quad s_1 + s_2 = 8\,000$$

将 $s_2=8\,000-s_1$ 代入纳什积转化为单变量最优化问题：

$$\max_{s_1} s_1(8\,000-s_1)^{0.8}$$

可解得 $s_1^*=8\,000/1.8=4\,444.44$，$s_2^*=8\,000\times0.8/1.8=3\,555.56$。最终博弈方 1 实际得到 4 444.44 元，而博弈方 2 实际得到 2 000＋3 555.56＝5 555.56 元。

7. 在破产博弈中，债权人 1 有债权 100 万元，债权人 2 有债权 500 万元。若两人都是风险中性的，分别求可清偿资产为 100 万元、300 万元和 500 万元情况下的纳什议价解和 K-S 议价解。

参考答案：

这三种情况下可清偿资产显然都不足以完全清偿两个债权人的债权，因此，如何分配可清偿资产都属于典型的议价博弈问题。

因为两个债权人都是风险中性的，也就是分配的效用函数是相同的 $u(s)=s$，所以从纳什议价解的角度两个博弈方的地位是对称的，如果不考虑双方债权，也就是清偿权的差异，双方在可清偿资产分别是 100 万元、300 万元和 500 万元的情况下，纳什积最优的议价解分配方案分别是对称的 (50, 50)、(150, 150) 和 (250, 250)。但因为博弈方 1 只有 100 万元债权，所以只有第一种情况下纳什解方案双方分配都没有超过债权，都不能得到完全清偿，因此，可以直接作为最终分配方案，而第二种、第三种情况下纳什解分配方案博弈方 1 的分配都超过债权，而博弈方 2 的分配则小于债权，因此，纳什积最优且符合债权情况的纳什议价解应该分别是角解 (100, 200) 和 (100, 400)。

K-S 议价解相对比较简单。K-S 议价解的基本规则是在可清偿资产小于债务总额时按照债权比例清偿债权人，因为本题中债权人 1 和债权人 2 的债权比例是 1∶5，所以两人获得分配比例也应该是 1∶5，三种情况下双方分配分别为 (16.67, 83.33)、(50, 250) 和

(83.33，416.67)。

8. 分别求下列不同规则下的三人分 300 元博弈的特征函数、核、稳定集和夏普里值：(1)必须全部同意；(2)博弈方 1 同意即可；(3)博弈方 1、博弈方 2 同意即可；(4)博弈方 1 有两票，博弈方 2、博弈方 3 各有一票，四分之三票数通过有效。

参考答案：

(1) 在必须全部同意的规则下，特征函数为任何单人联盟和两人联盟值为 0，三人联盟值为 300。这个联盟博弈的核和稳定集都是三人分配都在 0—300 且相加为 300 的分配全体构成的集合。这个联盟博弈中三人地位对称，因此夏普里值为(100，100，100)。

(2) 在博弈方 1 同意即可的规则下，特征函数为所有包含博弈方 1 的联盟值为 300，不包含博弈方 1 的联盟值为 0。这个联盟博弈的核和稳定集为分配(300，0，0)，夏普里值也是(300，0，0)。

(3) 在博弈方 1 和博弈方 2 同意即可的规则下，特征函数为除了博弈方 1 和博弈方 2 的联盟和三博弈方的联盟两个联盟值为 300 以外，其余所有联盟值为 0。这个联盟博弈的核和稳定集为所有博弈方 1 和博弈方 2 两人分 300 元，博弈方 3 得 0 元的分配全体构成的集合。因为这个联盟博弈中博弈方 3 是无为博弈方，博弈方 1 和博弈方 2 地位相同，所以夏普里值为(150，150，0)。

(4) 在博弈方 1 两票，博弈方 2 和博弈方 3 各一票，3/4 票数通过的规则下，特征函数为三人联盟、博弈方 1 和博弈方 2 的联盟，以及博弈方 1 和博弈方 3 的联盟共三个联盟值为 300，所有单人联盟，以及博弈方 2 和博弈方 3 的联盟值为 0。这个联盟博弈的核和稳定集为空集。因为博弈方 1 是两个价值 300 联盟的关键加入者(不参与联盟值降为 0)，而博弈方 2 和博弈方 3 各是一个价值 300 联盟的关键加入者，所以三博弈方权力比为 2∶1∶1，夏普里值为(150，75，75)。

9.2 补充练习题

1. 判断下列论述是否正确,并作简单分析。

(1) 纳什议价解是议价博弈以公平和效率为导向的公理化解法,但不是唯一有公平效率特征的解法。

(2) 纳什议价解的对称性公理意味着议价双方应该得到同等的分配。

(3) 合作博弈可以理解成解决非合作博弈的多重纳什均衡和囚徒困境等问题的可能方法。

(4) 议价博弈的核心就是利益分配。

(5) 议价博弈的平均主义解与平等主义解实质上是等价的。

(6) 议价博弈效用主义解的核心逻辑是效率而不是公平。

(7) n 户居民垃圾博弈的特征函数值是联盟规模(参与联盟户数)的增函数。

(8) 议价博弈的 K-S 解法本质上也是一种平均主义解法。

参考答案:

(1) 正确。纳什议价解是议价博弈的一种基于有关公平和效率的四条基本公理基础上的公理化解法,既有公平性和效率性,也有较强的科学合理性,但显然不是唯一有公平和效率特征的解法,因为平均主义、平等主义、效用主义等解法也有各自的公平和效率性。

(2) 错误。事实上对称性公理只能保证双方情况完全相同时分配相等,如果议价双方的情况不同,如由效用函数代表的风险偏好不同,则纳什议价解的双方分配就会有差异。

(3) 正确。因为非合作博弈的多重纳什均衡和囚徒困境问题等都是个体理性决策的困境,在个体理性决策范围内很难解决这些问题,而通过合作博弈方法寻找可能的妥协、合作方案,正是利用集体理性克服多重纳什均衡和囚徒困境等问题的可能方法。

（4）正确。议价博弈的核心问题本质上都是利益分配。不管议价的对象是什么，最终都可以理解为利益，包括直接间接的经济利益和效用形式的利益。

（5）错误。议价博弈平均主义解的分配逻辑是议价双方利益相同，而平等主义解的逻辑是双方效用相同。只有在双方效用函数一致的情况下平均主义解和平等主义解才完全相同，如果双方效用函数不同，则两者的分配往往是不同的，因此两者并不等价。

（6）正确。因为效用主义解的核心逻辑就是效用最大化，而不是效用或者分配相同，所以是效率导向而非公平导向的。当然，如果议价双方效用函数相同，效用主义解与平等主义解和平均主义解都是相同的，也就是结果公平的。

（7）错误。虽然当联盟规模小于总户数 n 时特征函数确实是联盟规模的增函数，但当联盟规模上升到包括所有居民户时，因为没有排除在联盟外的居民户，联盟成员无法都将垃圾扔给联盟外居民户，此时联盟的特征函数值将断崖式下跌到 $-n$，所以总体上不能说特征函数是联盟规模的增函数。

（8）正确。因为议价博弈的 K-S 解法的核心逻辑是等要求权等分配，所以实际上是一种以债权或者说要求权为基础的平均主义分配方法。

2. 简述合作博弈中的议价博弈和联盟博弈的主要联系和区别。

参考答案：

联系 1：这两类合作博弈问题都不是个体理性基础上的决策可以解决的，都需要用到集体理性，需要引进某些集体理性的规则、公理才可能解决。

联系 2：这两类合作博弈的核心问题都是利益分配。

联系 3：联盟博弈经常是从多人议价问题中引出的，是议价博弈在多人博弈情况的自然发展。

区别1:议价博弈一般是两人之间的博弈问题,只有两人议价才可能是纯粹的议价问题。联盟博弈则是三人及以上的多人议价问题。

区别2:两者的分析方法和解概念有很大区别。议价博弈分析的关键是确定最可能被双方接受的,具有公平、效率特征的分配(平等主义解、平均主义解、效用主义解、纳什议价解、K-S解等)。而联盟博弈中虽然公平、效率的分配也是核心问题,但因为多人之间的利益分配往往会受到联盟的影响,所以联盟博弈分析更关键的问题是寻找不受联盟影响、冲击的利益分配(核和稳定集),以及考虑可能联盟影响情况下更容易被普遍接受的公平合理分配(夏普里值)。

3. 诺伊曼认为议价博弈只能给出合理范围解而无法给出唯一解?你认为这个观点正确吗?

参考答案:

诺伊曼的这个观点是正确的。因为议价博弈的核心问题并非个体理性的最优化策略,而是两个或多个主体之间的利益分配。由于利益分配的方法和结果依赖分配规则,而分配规则本身缺乏统一标准,仅有公平效率等方面的一些基本原则,而且人们对公平和效率的理解方式本身也并不统一,因此,议价博弈理论上只能得到基于某些合理原则制定的规则基础上的合理解,很难给出所有人一致接受的一般解,所以也不可能有所谓的唯一解。纳什议价解虽然是相对来说比较科学合理并得到较多人公认接受的议价博弈合理解法,但也并非具有排他性的唯一解法。从这个意义上说,诺伊曼关于议价博弈解的观点是对的。当然,如果按照某种共同接受的原则分析议价博弈是有可能给出议价博弈的唯一解的。

第九章 合作博弈理论习题指南

4. 在两人分 10 万元的议价问题中,假设博弈方 1 的效用函数为 $u_1 = s_1^{0.8}$,博弈方 2 的效用函数为 $u_2 = s_2^{0.5}$, $b_2 = 0.5$,谈判破裂双方都没有任何利益。

(1) 求这个议价博弈的纳什议价解。

(2) 博弈方 1 的律师费是固定的 2 万元,求纳什议价解。

(3) 博弈方 1 分得的部分必须支付 20% 律师费,求纳什议价解。

参考答案:

(1) 该议价博弈的纳什议价解就是下列纳什积最优化问题的解:

$$\max_{s_1, s_2} u_1 u_2 = \max_{s_1, s_2} s_1^{0.8} s_2^{0.5}$$
$$\text{s.t.} \quad s_1 + s_2 = 10$$

将 $s_2 = 10 - s_1$ 代入纳什积,然后令纳什积对 s_1 的导数等于 0,得到:

$$0.8 s_1^{-0.2} (10 - s_1)^{0.5} - 0.5 s_1^{0.8} (10 - s_1)^{-0.5} = 0$$

从中解得 $s_1 = 6.15$ 万,纳什议价解为 (6.15 万, 3.85 万)。

(2) 博弈方 1 支付 2 万元固定律师费的纳什议价解是下列纳什积最优化问题的解:

$$\max_{s_1, s_2} u_1 u_2 = \max_{s_1, s_2} (s_1 - 2)^{0.8} s_2^{0.5}$$
$$\text{s.t.} \quad s_1 + s_2 = 10$$

将 $s_2 = 10 - s_1$ 代入纳什积,然后令纳什积对 s_1 的导数等于 0,得到:

$$0.8 (s_1 - 2)^{-0.2} (10 - s_1)^{0.5} - 0.5 (s_1 - 2)^{0.8} (10 - s_1)^{-0.5} = 0$$

从中解得 $s_1 = 6.92$ 万,纳什议价解 (6.92 万, 3.08 万)。

(3) 博弈方 1 支付分得金额 20% 律师费的纳什议价解是下列纳什积最优化问题的解:

$$\max_{s_1,s_2} u_1 u_2 = \max_{s_1,s_2}(0.8 s_1)^{0.8} s_2^{0.5} = \max_{s_1,s_2} 0.84 s_1^{0.8} s_2^{0.5}$$

$$\text{s.t.} \quad s_1 + s_2 = 10$$

很显然,这个最优化问题的解同(1),纳什议价解也是(6.15 万,3.85 万)。

5. 一企业因经营不善破产,留有可用于清算的资产 1 000 万元,三债权人分别有 800 万元、500 万元和 700 万元债权。

(1) 你认为比较公平高效的清算资方案是什么?

(2) 如果各债权人每获得 1 元赔偿,得到效用等于自己债权额的倒数(1/债权额),求该议价博弈的纳什议价解。

参考答案:

(1) 这个议价博弈问题比较公平和高效的资产分配方法显然是按照债权比例进行分配的 K-S 解法。按照 K-S 解法三债权人将分别获得 400 万元、250 万元和 350 万元资产。

(2) 各债权人每获得 1 元赔偿得到债权额倒数效用时,该议价博弈的纳什议价解即下列最优化问题的解。

$$\max_{s_1,s_2,s_3} u_1 u_2 u_3 = \max_{s_1,s_2,s_3} \frac{s_1}{800} \frac{s_2}{500} \frac{s_3}{700}$$

$$\text{s.t.} \quad s_1 + s_2 + s_3 = 1\,000$$

这个最优化问题的解是 $s_1 = s_2 = s_3 = 333.3$。

6. 假设债务人只剩 100 亩土地可以抵债,债权人 1 和债权人 2 分别有 1 000 万元和 500 万元债权,并且债权人 1 和债权人 2 各自对每亩土地的估值分别是 2 万元和 5 万元,求该破产清算议价博弈的 K-S 解和纳什议价解。

参考答案:

破产清算议价博弈 K-S 解的核心原理就是按照权益,也就是债权人的债权比例分配,与债权人对资产的主观价值评价无关。所以该破产清算议价博弈的 K-S 解是债权人 1 和债权人 2 根据债权比例 2∶1 分别得到 2/3 和 1/3 资产,约 66.67 亩和 33.33 亩土地。

两个债权人对土地价值的评估可以理解成主观效用,所以两个债权人的效用函数为 $u_1=2s_1$ 和 $u_2=5s_2$。因此,该议价博弈的纳什议价解为下列最优化问题的解:

$$\max_{s_1,s_2} u_1 u_2 = \max_{s_1,s_2} 10 s_1 s_2$$
$$\text{s.t.} \quad s_1 + s_2 = 100$$

该最优化问题的解为 $s_1=s_2=50$。纳什议价解为 $(50,50)$。

7. 假设 10 户牧民每户有一片草地和一群羊,如果自家羊吃自家草每天收益 1 000,自己羊吃他家草每天收益 1 200,但被其他家羊吃草牧民会损失 200。牧民间也可以结成保证相互不吃对方家草的联盟。

(1) 求该联盟博弈的特征函数。
(2) 多少户结盟可能获得最大平均利益?
(3) 求该联盟博弈的核和稳定集。
(4) 求该联盟博弈的夏普里值。

参考答案:

(1) 该联盟博弈的特征函数为所有单户联盟的值为 -600,所有两户联盟的值为 800,所有三户联盟的值为 2 200,所有四户联盟的值为 3 600,所有五户联盟的值为 5 000,所有六户联盟的值为 6 400,所有七户联盟的值为 7 800,所有八户联盟的值为 9 200,所有九户联盟的值为 10 600,所有十户联盟的值为 10 000。

(2) 九户结盟可能获得的平均利益最大。当然,这种最大利益是在九户联合起来欺负一户,而且被欺负的一户也不会反抗(用联盟策略对抗)的情况下实现的。

(3) 该联盟博弈的核和稳定集都是空集。

(4) 因为该博弈 10 户牧民的地位相同,所以其夏普里值是每户 1 000。

8. 夏普里值是联盟博弈最科学公平的分配方案,也是联盟博弈的结果。这个表述是否正确？为什么？

参考答案：

不正确。

虽然夏普里值是根据各参与者对联盟博弈各个潜在联盟价值的边际贡献计算的,确实是一种比较科学公平,也比较容易被参与各方共同接受的分配方案,但联盟博弈中各博弈方最终采用的合作博弈逻辑也可能是如纳什议价解等的其他逻辑。特别是当参与者普遍缺乏较强的联盟意识,或因为普遍认识到联盟的负面作用而更愿意用不结盟的多边公平规则解决问题时,就可能是纳什议价解或者平等主义解等逻辑占上风。因此,夏普里值不一定成为联盟博弈的结果。

9. 用联盟博弈夏普里值和班扎夫权力指数的核心思想,解释现代国际政治经济关系中的霸权主义问题。

参考答案：

联盟博弈中夏普里值和班扎夫权力指数的核心思想,其实就是各个参与者对各个潜在联盟的边际贡献,也就是加入或不加入各个潜在联盟对联盟建立和价值的影响,决定各自的分配和权力。

夏普里值和班扎夫权力指数的核心思想对于理解和解释国际政治经济关系中的霸权主义问题很有意义。因为霸权主义国家通常正是利用其在各种明或者暗的国际政治经济联盟中的关键作用,利用其退出和加入各种联盟对这些联盟价值的影响力,不断威胁或者利诱其他国家,逐步形成对其他国家的权力和利益优势,并进一步利用军事外交等手段、习惯和心理因素等不断加强其霸权地位。这正是国际霸权主义形成最根本的基础。

深受霸权主义侵害的国家和地区,想要真正推翻霸权主义的统治欺压,也必须从联盟博弈的边际价值角度,不断增强自身(个体或者联合)的边际价值和影响力,否则是很难真正成功的。

第十章 稳定匹配理论习题指南

10.1 教材思考练习题

1. (双边)匹配问题的主要特征是什么？匹配问题与非合作博弈、合作博弈问题有哪些主要异同？

参考答案：

　　匹配问题的主要特征，也是与非合作博弈、合作博弈问题的主要区别：一是匹配问题是两个群体之间的双向选择，而不是非合作博弈的个体策略行为、策略竞争，或者合作博弈的利益分配或联盟合作；二是匹配问题配置的资源是医疗、教育机会等特殊资源，甚至参与者本身(生源、配偶)，而不是非合作博弈、合作博弈中的经济利益或经济资源；三是配置资源的特殊性决定了经济交易、价格竞争的作用在匹配问题中受到限制。

　　尽管匹配问题与非合作博弈、合作博弈问题也有共同的特点，那就是都非单方面的行为选择，都存在很强的相互依存关系，但匹配问题在内容、逻辑和方法方面都与非合作博弈、合作博弈有很大不同。因为匹配问题的核心不是非合作博弈的个体策略选择和利益竞争，或者合作博弈的协调联盟和利益分配，而是两个群体(或资源)的相互匹配关系和方法。分析匹配问题的关键不是找类似非合作博弈的个体最优策略和各方策略均衡，也不是找类似合作博弈的具有公平和效率特征，从而更容易被普遍接受的分配方案，以及排除可能破坏分配稳定性的联盟关系，而是找出考虑所有参与者需求的，具有稳定性的匹配方案，以及设计能有效找到这种稳定匹配方案的匹配机制(算法)。匹配参与者的行为只有选择或者表明自己的偏好排序,除非进一步考虑是否参与匹配或匹配算法的选择制定等问题,否则匹配参与者并不需要进行类似非合作博弈的策略选择,或者合作博弈的选择接受何种议价规则等。

2. **稳定匹配概念的核心含义是什么？稳定匹配在匹配问题研究中有什么作用？**

参考答案：

稳定匹配概念的核心含义是匹配问题中具有稳定性,也就是任何两个参与者无法通过自愿改变匹配关系(放弃原匹配对象相互配对)同时提高自身满意度的匹配关系或方案。

稳定匹配概念可以帮助在理论研究中揭示双边匹配问题的内在规律,揭示影响双边匹配效率和两个群体相对利益、优势背后的偏好结构、制度安排,以及心理文化等方面的原因。稳定匹配概念在现实应用中可以帮助分析预测匹配问题的结果,给匹配参与者的行为和匹配算法设计等提供指导等。

3. **一个美发店有三个发型师,某次有三个顾客同时到店消费,三个顾客对发型师有明确的偏好排序,发型师各自也有对顾客的欢迎排序。问这个问题是否可以用稳定匹配理论进行匹配？**

参考答案：

虽然三个顾客和三个发型师的配对与高校录取等双边匹配问题有相似性,双方有对对方的偏好排序,也不能随便用价格竞争决定优先权,但美发店一般不能用稳定匹配理论的逻辑匹配顾客和发型师。因为虽然顾客可以对发型师有偏好,行使选择权,但发型师一般不能明确表示对不同顾客的偏好,否则可能涉嫌消费歧视,会得罪顾客甚至惹来更大麻烦,所以美发店在安排服务时,一般不会明显考虑发型师的偏好和选择权,顾客和发型师的问题不是两群体都有平等选择权的双边匹配问题。因此,美发店不能按照双边匹配理论的算法规则进行匹配,只会按照时间先后进行排序,或者让顾客相互协商等方式进行匹配。因此,该问题不适合用稳定匹配理论进行研究。

4. 四男四女婚配问题偏好排序如矩阵所示。分别用男子求偶和女子求偶的 GS 算法分析稳定匹配,并进行简单讨论。

		女 子			
		A	B	C	D
男 子	α	1, 3	2, 2	3, 1	4, 3
	β	1, 4	2, 3	3, 2	4, 4
	γ	3, 1	1, 4	2, 3	4, 2
	δ	2, 2	3, 1	1, 4	4, 1

参考答案:

男子求偶,第一轮 α、β、γ、δ 分别向 A、A、B、C 求偶,得到两人求偶的 A 会留下 α 拒绝 β。第二轮 β 再向 B 求偶,现有两人追求的 B 留下 β 拒绝 γ。第三轮 γ 向 C 求偶,C 留下 γ 拒绝 δ。第四轮 δ 向 A 求偶,A 留下 δ 拒绝 α。第五轮 α 向 B 求偶,B 留下 α 拒绝 β。第六轮 β 向 C 求偶,C 留下 β 拒绝 γ。第七轮 γ 向 A 求偶,A 留下 γ 拒绝 δ。第八轮 δ 向 B 求偶,B 留下 δ 拒绝 α。第九轮 α 向 C 求偶,C 留下 α 拒绝 β。第十轮 β 向 D 求偶。此时,所有女子都正好有一个追求者,所有女子接受,形成匹配(γA, δB, αC, βD)。这正是该问题的唯一稳定匹配。

女子求偶。第一轮 A、B、C、D 分别向 γ、δ、α、δ 求偶,得到两人求偶的 δ 留下 B 拒绝 D。第二轮 D 向 γ 求偶,γ 留下 A 拒绝 D。第三轮 D 向 α 求偶,α 留下 C 拒绝 D。第四轮 D 向 β 求偶。此时,所有男子都正好有一个追求者,所有男子接受,形成稳定匹配(γA, δB, αC, βD)。该结果与男子求偶 GS 算法结果相同。

这个双边匹配问题中,男方求偶和女方求偶的 GS 算法匹配结果相同,说明这个匹配不仅是稳定匹配,而且是该问题唯一的稳定匹配,也是男女双方的最优匹配。但这个最优匹配其实也不理想,平均满意度不高,女方相对满意一些,男方则很不满意。匹配满意度不理想的根源是男方偏好排序的相互冲突较大,而男女两群体之间的偏好匹配度则较差。

5. 两男两女婚配问题的偏好排序如矩阵所示。分别用男子求偶和女子求偶的 GS 算法分析稳定匹配。如果男子都拒绝接受第二选择,女子可以接受第二选择,情况如何?如果男女都不接受第二选择,情况如何?

		女 A	女 B
男	α	1, 2	2, 1
	β	2, 1	1, 2

参考答案:

男子求偶的 GS 算法,只要一轮就可以找到稳定匹配(αA, βB)。这个稳定匹配显然是男方满意。

女子求偶的 GS 算法,只要一轮就可以找到稳定匹配(βA, αB)。这个稳定匹配显然是女孩满意的。

男方不接受第二选择而女方接受第二选择时,无论哪方先求偶都会实现对男子有利的稳定匹配(αA, βB)。

如果双方都坚持第一选择,则这个双边匹配问题显然无法实现匹配,所有人都会剩下。

6. 假设两所高校 α、β 各招两名学生,四个学生 A、B、C、D 申请入学,双方偏好排序如下列矩阵所示。分别根据学生每次申请一校的"学生申请—学校录取—学生接受"匹配算法,高校邀请学生的匹配算法推导稳定匹配,并对结果进行比较分析。

		学	生		
		A	B	C	D
高校	α	1, 2	2, 2	3, 1	4, 1
	β	4, 1	3, 1	2, 2	1, 2

参考答案:

学生每次申请一所高校的匹配算法,第一轮学生 A、B、C、D 分别申请 β、β、α、α。两所高校都正好有两个学生申请,待定所有申请学生。没有学生被拒绝就没有学生重新申请,最终 α、β 录取各自待定学生,学生接受,实现匹配(αCD, βAB)。该匹配是稳定匹配,也是学生的最优匹配,但非高校最优匹配。

高校邀请学生的匹配算法,α 先邀请 A、B,β 先邀请 C、D。每个学生都只有一份邀请,只能接受,实现高校最优的稳定匹配(αAB, βCD)。

两种匹配算法得到的结果明显不同。学生申请高校时,实现的稳定匹配是学生的最优匹配,而高校邀请学生时,实现的稳定匹配是高校的最优匹配。这也证明了在双边匹配问题中主动行为的一方更加有利,可能实现对本方更有利的稳定匹配结果。

7. 假设两所高校 α、β 各招两名学生,五个学生 A、B、C、D、E 申请入学,高校和学生相互的偏好排序矩阵如下。(1)用学生申请一所高校和高校邀请学生的匹配算法进行分析;(2)假设学生 E 因为出国留学直接退出申请,情况将如何变化。

		学	生		
		A	B	C	D	E
高校	α	3, 1	1, 2	4, 2	2, 1	5, 1
	β	5, 2	2, 1	3, 1	4, 2	1, 2

参考答案：

(1) 学生每次申请一所高校的匹配算法。第一轮 A、B、C、D、E 分别向 α、β、β、α、α 申请，α 待定 D、A 拒绝 E，β 待定 B、C；第二轮 E 向 β 申请，β 再待定 E 拒绝 C；第三轮 C 申请 α，α 拒绝 C。此时，唯一不在待定名单的 C 没有其他高校可以申请，高校都不再有新申请者，所有高校录取待定学生，所有被录取学生接受，实现稳定匹配(αDA, βBE, C)，其中 C 由于没被任何学校录取而失学。

高校邀请学生的匹配算法。第一轮 α 和 β 先分别邀请 B、D 和 E、B，同时收到两校邀请的 B 选择 β 拒绝 α；第二轮 α 再邀请 A，A 接受。此时，两校各有两个未拒绝邀请的学生，除 C 外每个学生各获一个学校邀请，因此，没学生拒绝，也就没有新邀请。所有得到邀请的学生接受邀请，实现稳定匹配(αDA, βBE)。这与学生先申请一所高校匹配算法的匹配过程不同，但结果相同。

(2) E 退出申请后两校各招 2 生，共有四名学生申请，偏好排序矩阵如下：

		学	生	
		A	B	C	D
高校	α	3, 1	1, 2	4, 2	2, 1
	β	4, 2	1, 1	2, 1	3, 2

学生先申请一校时，第一轮 A、B、C、D 分别申请 α、β、β、α。每所高校正好都有 2 个申请者，可以直接录取，实现稳定匹配

(αDA，βBC)。这种结果相当于 C 填补了 E 出国留学留下的空缺。

高校邀请学生时,第一轮 α 会邀请 B、D,β 会邀请 B、C。B 收到两校邀请接受 β 拒绝 α;第二轮 α 再邀请 A,A 接受。结果仍然实现稳定匹配(αDA，βBC),与学生先申请高校相同。

8. 四个女生两两配对选室友,偏好排序如下列矩阵。问是否有稳定的匹配?为什么?

	α	β	γ	δ
α		1, 2	2, 1	3, 1
β	2, 1		1, 2	3, 2
γ	1, 2	2, 1		3, 3
δ	1, 3	2, 3	3, 3	

参考答案:

这个问题中,α 最喜欢 β,β 最喜欢 γ,γ 最喜欢 α,α、β、γ 都最不喜欢 δ。

因为不管与 δ 同住的是 α、β 还是 γ,总有一个女生与 δ 的室友相互吸引愿意重组,所以这个问题没有稳定匹配。这里稳定匹配定义为"没有任何两个未配对的女生想重组成为室友"。

该问题不存在稳定匹配的原因是,这是一个不同于婚配等两群体双边匹配问题的单群体成员内部匹配。所以这个问题不存在稳定匹配,并不是双边匹配问题稳定匹配存在性的反例。

9. 三所高校 α、β、γ 各招两名学生,六个学生申请入学,双方偏好排序如下。找出学生同时申请所有三所高校匹配算法实现的稳定匹配。

		A	B	C	D	E	F
高校	α	2, 1	3, 1	1, 3	4, 2	6, 3	5, 2
	β	3, 3	1, 2	4, 2	2, 1	5, 1	6, 1
	γ	4, 2	2, 3	6, 1	5, 3	1, 2	3, 3

表头：学　生

参考答案：

学生同时申请所有三所高校。这种情况下三所高校都收到所有六个学生申请，α 录取 A、C 待定 B、D 拒绝 E、F，β 录取 B、D 待定 A、C 拒绝 E、F，γ 录取 E、B 待定 F、A 拒绝 C、D。收到两份录取的 B 拒绝 γ。γ 补录 F。现在六个学生各有一所高校录取，实现最终匹配(αAC，βBD，γEF)。

10. 高校 α 招一个学生，β 和 γ 各招两名学生，六个学生申请入学，偏好排序如下。假设 B 因为出国留学，参与了一轮申请程序后退出，分别考查学生每次申请一所高校、高校邀请学生和学生同时申请两所高校三种匹配算法的结果？

		A	B	C	D	E	F
高校	α	2, 1	3, 1	1, 3	4, 2	6, 3	5, 2
	β	3, 3	1, 2	4, 2	2, 1	5, 1	6, 1
	γ	4, 2	2, 3	6, 1	5, 3	1, 2	3, 3

表头：学　生

参考答案：

学生每次申请一所高校的匹配算法。第一轮学生 A、B、C、D、E、F 分别申请 α、α、γ、β、β、β，α 待定 A 拒绝 B，β 待定 D、E 拒绝 F，γ 待定 C。第二轮 B 退出申请，F 申请 α，α 拒绝 F。第三轮 F 申请 γ，γ 待定 F。此时所有学生正好被一所高校待定，所有高校录取待定学生，学生接受，实现匹配(αA，βDE，γFC)。这是 B 不参与情况下的稳定匹配，也是所有学生的最优匹配。

高校邀请学生的匹配算法。第一轮 α 邀请 C，β 邀请 B 和 D，γ 邀请 B 和 E，得到两所高校邀请的 B 放弃。第二轮 β 邀请 A，γ 邀请 F。此时每个学生正好有一所高校邀请，所有学生接受当前邀请，所有学校正式录取接受邀请的学生，实现匹配(αC，βDA，γEF，)。这是 B 不参与情况下的稳定匹配和高校最优匹配。

学生同时申请两所高校的匹配算法。第一轮 A 先申请 α 和 γ，B 申请 α 和 β，C 申请 γ 和 β，D 申请 β 和 α，E 申请 β 和 γ，F 申请 β 和 α。α 先录取 A，β 录取 B、D，γ 录取 E、A。有两个录取的 A 待定 α 拒绝 γ，正好一校录取的 D、E 分别待定 β、γ。B 退出录取，被 B 放弃的 β 补录 C，被 A 拒绝的 γ 补录 F。此时除退出的 B 外其余五人都有一所高校录取。所有被录取学生接受待定高校，实现匹配(αA，βDC，γEF)。

对这个例子的分析表明，部分参与者中途退出不仅影响匹配过程，也可能影响匹配结果，不仅退出者空出名额会被其他参与者递补，也可能改变更多人的匹配关系。一般来说，参与者中途退出、加入或有其他违规行为，都可能影响匹配过程或结果。如果匹配规则有迟延接受程序，参与者后续行为都遵守规则，一般能实现最终参与者之间的稳定匹配。

11. 高校 α 招一名学生，β 和 γ 各招两名学生，六个学生申请入学，双方偏好排序如下。学生同时申请两所高校匹配算法的结果是什么？其中 C 会被哪个高校录取？C 有没有改善自己结果的办法？并作进一步的策略博弈分析。

		学		生			
		A	B	C	D	E	F
高校	α	2, 1	3, 1	1, 3	4, 2	6, 3	5, 2
	β	3, 3	1, 2	4, 2	2, 1	5, 1	6, 1
	γ	4, 2	2, 3	6, 1	5, 3	1, 2	3, 3

参考答案：

学生同时申请两所高校的匹配算法会实现匹配(αA, βBD, γEF, C)。

其中 C 失学。而 C 失学的原因是自己与高校的偏好错位,同时高校因为学生利益优先原则在未满额时无法拒绝或延迟录取申请的学生,导致 C 失去被青睐自己的 α 录取的机会。

如果 C 事先判断出偏好错位将导致自己失学,只要将自己对 α 的排序改成 1(也就是先申请 α),就可以被 α 录取。尽管 α 并非 C 的最爱,但这却是 C 能避免失学的正确策略行为。

α 录取 C 会导致 A 失学。如果 A 能预计到这种情况,也可能设法通过策略行为避免这种结果,这将使匹配问题与策略博弈结合起来,变成复杂的策略博弈。

10.2 补充练习题

1. 双边匹配 GS 算法的核心原理和关键特征是什么?

参考答案：

GS 算法的核心原理是在双边匹配中,两个群体之间通过"申请—选择接受—被淘汰者再申请……"的反复试探匹配迭代过程,寻找稳定匹配或者最优匹配(至少一个群体)的方法。GS 算法或者根据这种原理开发的相关程序软件,可以帮助婚配等双边匹配问题克服交际范围局限和交流困难等造成的匹配障碍,大大提高匹配效率和稳定性。

GS算法的关键特征之一是参与者只需要表明(报告)自己对匹配对象群体成员的偏好排序,作为匹配搜索的基础,双边匹配的过程由预先确定的算法规则自动完成。

GS算法的关键特征之二是两个群体的角色分工:一方作为主动申请方,另一方面作为选择接受方,两群体角色也可以反过来,但一次算法程序运用中只能有一个方向。

GS算法的关键特征之三是包含被选择接受方在过程中暂将选中对象作为备选,过程结束时才统一接受的"延迟接受"(deferred-acceptance)机制。这种延迟接受的"备胎"机制使得比较被动的接受方都可以在保留现有机会的情况下,继续争取更好对象,从而避免错失最佳的可能对象和留下不稳定因素。

2. 如果一个婚配问题中,所有男子都有相同的完备无并列偏好排序,所有女子同样有相同的完备无并列偏好排序,问这个婚配问题的稳定匹配是什么?

参考答案:

这个婚配问题唯一的稳定匹配是,所有参与者都按照他们在共同的对方群体偏好排序同序号相互配对。因为首先被异性群体共同排第1位的男女相互配对才可能稳定,否则不可能稳定。而排序第1的男女相互配对后,排序第2的男女变成剩余群体中各自排序第1的男女,必须相互配对才会稳定。依次类推可以证明只有所有同序号男女相互配对才具有稳定性,因此是这个婚配问题唯一的稳定匹配。

3. 假设在一个所有参与者都有稳定无并列完备偏好排序的婚配问题中,吴娟是每个男子都最喜欢的女子,证明在该婚配问题的任何稳定匹配中吴娟的配偶都相同。

参考答案:

在该婚配问题的所有稳定匹配中,吴娟的配偶都是她最偏好的男子。首先,吴娟始终是所有男子的最爱,当然也是她最爱男子的最爱,因此吴娟与她最爱男子的匹配显然始终是其最优匹配,肯定有内在稳定性。其次,如果吴娟在某个匹配方案中没有与她最爱的男子配偶,那么吴娟抛弃原配偶与最爱男子结合,一定能同时增加吴娟和她最爱男子的满意度,因此该匹配方案不可能是稳定的。因此,吴娟在所有稳定匹配中的配偶只能是她最爱的男子,当然是相同的。

4. 证明在男多女少且参与者都有稳定的完备无并列偏好排序的婚配问题中,如果某男在一个稳定匹配中没有配偶,那么在任何其他稳定匹配中也不会脱单。

参考答案:

反证法:假设在一个稳定匹配中没有配偶的某男在另一个稳定匹配中找到了配偶,那么其配偶一定是抛弃了前一个稳定匹配中的配偶转嫁某男的,如果这个转嫁的匹配是稳定匹配,就意味着某男在该女的排序中是排在其前配偶之前的。但这意味着前一个匹配其实是不稳定的,与前一个匹配是稳定匹配的假设矛盾。因此,在一个稳定匹配中找不到配偶的某男也不可能在其他稳定匹配中找到配偶。

5. 证明如果高校录取问题中所有参与者(学生、高校)都有稳定的完备无并列偏好排序,那么在一个稳定匹配中招不满学生的高校,在任何其他稳定匹配中也都无法招满学生。

参考答案:

反证法:假设在其他某个稳定匹配中该校招满了学生,那就意味着肯定有部分在该校未招满学生的稳定匹配中读其他高校的学生在这个稳定匹配中转向了该校。这意味着该校在转校学生的偏好排序中高于离开的学校,否则不可能转校。但转校学生对该校排序高于离开的学校意味着该校未招满学生的匹配不是稳定匹配。这与假设存在矛盾,所以假设不可能成立,也就是理论上在所有学生和高校都有稳定的无并列完备偏好排序的情况下,在一个稳定匹配中招不满学生的高校,在其他任何稳定匹配中也是无法招满学生的。

6. 如果在一个完备偏好排序的男女群体等规模婚配问题中,某男和某女各自都是对方最不偏爱的,他们有没有可能被稳定匹配配对在一起?为什么?

参考答案:

有可能。

例如,假设在一个男女群体规模相同的婚配问题中,某男某女不仅相互是对方最不偏爱的,他们也是其余所有男女最不偏爱的,那么如果他们都与其他人匹配而没有相互匹配,则与他们匹配的女子和男子抛弃他们相互匹配肯定都能改善利益,因此这对男女未相互配对的匹配方案都是不稳定的,不可能是稳定匹配。只有他们相互配对的匹配方案才可能是稳定匹配。因为这种匹配问题必然存在至少一个稳定匹配,所以该婚配问题中必然至少有一个稳定匹配中这对男女是相互配对的。

7. 如果在一个婚配问题中,某男和某女各自都是对方的最爱,问是否存在他们没有配对的稳定匹配?为什么?

参考答案:

不存在。

因为如果一个匹配方案没有将他们配对在一起,他们各自与他人匹配,或者一方或双方没有配对成功,那么他们各自抛弃原配相互结合,或放弃单身相互结合,都能够提高满意度,因此该匹配方案肯定不可能是稳定匹配。这就证明了不存在他们没有配对的稳定匹配。

8. 参与者不完备偏好排序会不会影响 GS 算法的运用？会不会影响匹配结果？

参考答案:

GS 算法中要求参与者都有对所有匹配对象的全排序偏好,只是为了轮到选择时能作出抉择。因此,如果有些参与者没有对肯定不会选择或者不愿意选择的对象进行排序,例如在对方群体中广受欢迎排序特别高的参与者对对方群体中选定对象以外的大多数成员不排序,或者因为宁缺毋滥的精神对对方群体中肯定不愿意选择的对象不排序,并不影响 GS 算法本身的运用。如果将"拒绝匹配"本身也作为一种排序,就可以在形式上弥补缺失的排序,GS 算法程序就可以顺利运行。

当然,参与者不完备偏好排序可能改变匹配的过程和结果,GS 算法找出的稳定匹配可能包含一方甚至双方"拒绝匹配"的情况,即使两群体规模相同也可能有部分成员无法匹配成功等情况。

9. 双边匹配中的参与者有没有可能通过报告虚假的偏好排序,改善自己或其他参与者的 GS 算法匹配结果？

参考答案:

有可能。教材 10.6(a)(b) 两图表示的虚假偏好策略行为,就是双边匹配参与者通过提供虚假偏好排序改善自己匹配满意度的典型例子。

当然,不是所有匹配参与者都可能通过虚假报告偏好排序获益,只有当匹配问题有多个稳定匹配,且按匹配算法实现的稳定匹配非自身最优匹配的参与者,才可能通过虚假报告改善自身结果。

报告虚假偏好影响也可能对其他参与者的匹配结果造成影响,改善或者降低其他参与者的满意度。

10. 从匹配理论角度,讨论国外高校招生普遍采用的 AAA 程序和我国的集中录取制度的主要特点和公平效率意义等。

参考答案:

现行高校录取方式主要有国外高校普遍采用的自由申请加分散录取的 AAA 程序(apply 申请—admit 录取—accept 接受),和我国等采用的统一考试加集中录取两大类方式。

AAA 程序先由学生根据偏好和机会判断等先向心仪高校提出申请,高校根据申请者学业或入学测试成绩等评价排序并决定直接录取、待定或拒绝,收到录取通知的学生决定接受、等待或拒绝。被拒绝学生可以再申请其他学校,重复上述过程。

AAA 程序的关键特征是包含类似 GS 算法的反复试探迭代搜索和延迟接受程序,学生和高校双方都有试错机会,可以避免志愿"撞车"错失好学校、好生源的博弈困境,比较公平,因此被广泛采用。但 AAA 程序不像 GS 算法那样是由中心机构或者程序进行匹配,后者由学生和高校分散自主试探匹配,也不像 GS 算法那样有严格规则,学生和高校行为都有很大自由度甚至随意性。因此,AAA 程序中除了少数顶尖高校和杰出学生之外的大多数高校和学生都要经过多轮筛选才能完成匹配,工作量很大,而且结果也有相当大不确定性等。

我国高校招生的集中统一录取方式是在全国或省统一考试的基础上,根据招生计划和学生志愿,按高分优先的原则统一录取。具体方式是学生先填报志愿(等于不完全偏好排序),然后由招生行政部门按学生志愿和分数线投档,同一批次高校一次性满额录取,未录取学生退档。被退档学生同档第二志愿有缺额时投档第二志愿,或与第一批次未投档学生一起投档下一批次第一志愿,相应高校满额录取后退档其余学生。重复上述投档录取程序直到所有学校录满或所有达到分数线和填对志愿的学生都录完。

从先报告偏好排序,然后集中匹配的录取流程角度,集中录取制度(我国高校录取)比西方高校普遍采用的 AAA 程序,更接近 GS 匹配算法。但这种集中录取方式无迟延接受设计,投档生源达到或超过录取计划数的高校必须一次性满额录取,高校没有等待名单,学生也没有迟延接受机会。这种即时录取方式好处是学生和学校都不用反复申请和选择,效率较高,可以节约时间和人工成本。但学生可能因为填报志愿"撞车"或因为怕"撞车"而低报志愿错失好学校,而学校则可能遭遇招生大小年,导致教育资源和生源配置不合理,分数平等也难以充分体现等。

11. 稳定匹配理论和 GS 算法,可以给现实中人们的婚恋行为,以及婚配制度设计等提供哪些有用的启示?

参考答案:

稳定匹配理论和 GS 算法给现实中人们婚恋行为的重要启示是:要找到满意的对象,更好地解决婚配问题,首先必须提高自身的吸引力、竞争力(在对方群体成员中的偏好排序);其次也必须在婚恋方面更加积极主动,要敢于主动追求心仪的对象,在婚恋方面被动保守可能抵消自身竞争力的优势,失去找到更好对象的机会,是非常吃亏的。稳定匹配理论和 GS 算法也揭示了传统婚恋制度、文化中女性比较保守矜持,对女性群体的婚配满意度是不利的,正是长期损害女性婚姻幸福的关键因素之一。

稳定匹配理论和 GS 算法给婚配制度设计等的最重要启示:一是需要建立相对集中的,更加高效的婚介机制(制度)帮助人们进行婚配;二是应该鼓励人们形成更加成熟的婚恋思想和稳定的婚恋偏好,勇于表达自己的真实情感需求,因为这些对更好地解决未婚群体的婚配问题,实现更加稳定和谐的婚姻关系,都有非常重要的作用。

12. 女子小美、小爱和男子大壮、大勇、大春婚配问题的双方偏好排序如下列矩阵所示。

		男 子		
		大壮	大勇	大春
女子	小美	2, 1	1, 2	3, 1
	小艾	3, 2	2, 1	1, 2

（1）用男子求偶的 GS 算法找稳定匹配。
（2）用女子求偶的 GS 算法找稳定匹配。
（3）该婚配问题中有没有人可能采用策略行为改善自己的满意度？

参考答案：

男子求偶的 GS 算法：第一轮，大壮、大勇和大春分别向小美、小艾和小美求偶，有两个求偶者的小美留下大壮拒绝大春。第二轮，大春改向小艾求偶，小艾留下大春拒绝大勇。第三轮，大勇改向小美求偶，小美再留下大勇拒绝大壮。第四轮，大壮改向小艾求偶，小艾坚持留下大春拒绝大壮。此时落单的大壮已经没有其他女生可以求偶，两女生接受留下男生的求爱，得到稳定匹配（小美-大勇，小艾-大春，大壮），其中大壮落单。

女子求偶的 GS 算法：第一轮，小美、小艾分别向大勇、大春求偶，因为大勇和大春都只有一个求偶者，所以各自留下。没有拒绝也就没有新的求偶，因此大勇和大春最终接受小美和小艾求偶，直接得到同样的稳定匹配（小美-大勇，小艾-大春，大壮）。

不难发现在这个博弈中只有唯一的稳定匹配（小美-大勇，小艾-大春，大壮），也是两个群体双方的最优匹配，而其他匹配方案都是不稳定的，因此即使这个稳定匹配中三个男子都没有实现最理想的匹配,但是也不可能通过任何策略行为改善自己的满意度(如大勇和大春交换对象,或者大壮脱单)。

13. 三所高校 α、β、γ 分别招 4、2、3 个学生,它们和 11 个学生(A-K)相互的偏好排序如下列矩阵所示。分别找出学生和高校最优的稳定匹配。

		学 生										
		A	B	C	D	E	F	G	H	I	J	K
高校	α	3, 3	2, 3	7, 3	6, 2	8, 2	9, 1	5, 1	10, 2	11, 2	1, 1	4, 1
	β	4, 2	2, 2	9, 1	1, 3	8, 3	6, 3	11, 3	3, 1	10, 1	5, 2	7, 2
	γ	11, 1	4, 1	2, 2	6, 1	7, 1	1, 2	8, 2	5, 3	9, 3	3, 3	10, 3

参考答案:

学生最优的稳定匹配可以用学生先申请高校,且每次申请一个高校的匹配算法搜索。第一轮,学生(按字母顺序)分别申请 γ、γ、β、γ、γ、α、α、β、β、α、α,收到 4 份申请的 α 待定全部申请学生 F、G、J、K,收到 3 份申请的 β 待定 C、H 拒绝 I,收到 4 份申请的 γ 待定 B、D、E 拒绝 A。第二轮,I 和 A 分别申请 α 和 β,α 坚持 F、G、J、K 拒绝 I,β 待定 A、H 拒绝 C。第三轮,I 和 C 都申请 γ,γ 待定 B、C、D 拒绝 E 和 I。第四轮,I 已经无新校可申请,E 再申请 α,α 待定 E、G、J、K 拒绝 F。第五轮,F 申请 γ,γ 待定 B、C、F 拒绝 D。第六轮,D 申请 α,α 待定 D、G、J、K 拒绝 E。第七轮,E 申请 β,β 坚持 A、H 拒绝 E。此时 E 已经无新的学校可以申请。所有高校接受待定的学生,实现学生最优的稳定匹配(αDGJK, βAH, γBCF, E, I),其中 E 和 I 无校录取而失学。

高校最优的稳定匹配可以用高校主动邀请等额学生,学生拒绝则继续邀请补足名额的匹配算法寻找。第一轮,α 邀请 J、B、

A、K，β 邀请 D、B，γ 邀请 F、C、J，收到两份邀请的 B 待定 β 拒绝 α，同样收到两份邀请的 J 待定 α 拒绝 γ。第二轮，α 再邀请 G，γ 再邀请 B，又有两份邀请的 B 接受 γ 拒绝 β。第三轮，β 再邀请 H，H 接受。此时收到邀请的学生正好都有一份邀请，没有人拒绝，高校不再继续邀请，收到邀请学生接受录取，实现高校最优的稳定匹配(αAGJK，βDH，γBCF，E，I)。与上一种算法的稳定匹配相比，本来分别被 α、β 录取的 D 和 A 交换了学校，对两个高校有利而对两个学生不利，其余高校和学生的匹配不变，E 和 I 仍然无校录取而失学。

第十一章 博弈论历史和发展简述习题指南

11.1 教材思考练习题

1. 为什么说博弈论是一门历史悠久的学科,同时又是一门新兴的学科?

参考答案:

从根本上说,博弈论就是研究决策行为,特别是策略互动、利益依存决策行为的理论。人类自古以来的社会化生活本身包含无数策略互动、利益依存关系,必然产生许多相关的智慧,包含博弈的思想方法。例如,中国古代的齐威王与田忌赛马和西方圣经故事"所罗门王智断亲子案"等都可以认为是早期的博弈思想。从这个意义上说,对博弈问题的研究确实可以追溯到非常久远的历史,博弈论是一门古老的学科。

但博弈论作为一门成型学科被研究、学习、传播和应用的历史并不长。如果从一般认为的起点,也就是冯·诺伊曼和摩根斯坦的《博弈论和经济行为》算起,只有不到 100 年的历史。更重要的是博弈论现在还在不断发展中,不仅理论研究在不断深入,应用范围不断扩展,学科范畴也在扩展,分化出更多新的分支、领域等。因此博弈论也可以认为是一门不断成长中的新兴学科。

2. 为什么冯·诺伊曼和摩根斯坦的《博弈论和经济行为》可以被看作是博弈论历史的起点?

参考答案:

因为虽然博弈思想是人类早在实践中运用的古老智慧,有文献记载的最早博弈思想至少可追溯到 2 000 多年前我国古代的"齐威王与田忌赛马"等,现代经济学和博弈论经常引述的包含典型博弈思想的文献可以追溯到古诺 1838 年的寡头产量竞争模型,对博弈问题较深入系统的研究可以追溯到 20 世纪初齐默罗(Zermelo)和波雷尔(Borel)对象棋博弈等的研究,但这些工作都没有发展出系统的理论体系,因此都不能算博弈论的正式起点。

冯·诺伊曼和摩根斯坦 1944 年出版的《博弈论和经济行为》,不仅正式提出了创造博弈论一般理论的主意,而且在总结以往成果的基础上给出了博弈论的一般框架、概念术语和表述方法,提出了较系统的博弈理论,并改变了博弈论主要由数学家研究的局面,使得博弈论融入了现代经济学体系,推动了博弈论理论和应用研究的快速发展。因此,《博弈论和经济行为》的出版可以被认为是博弈论成为一门独立学科的标志,可以看成是博弈论历史的起点。

3. 你认为哪些是博弈论发展的历史上最关键的时期、事件和人物?

参考答案:

博弈论发展史上最关键的时期之一是 19 世纪经济学从古典宏观经济学向新古典微观经济学发展过程中,对市场竞争问题的数理经济学研究,引出了早期的经典博弈模型,如古诺 1838 年关于寡头间产量竞争的博弈模型,伯特兰德 1883 年的寡头价格竞争的博弈模型,以及 1881 年埃奇沃斯(Edgeworth)的"合同曲线"等,这些早期博弈模型对非合作博弈理论和合作博弈理论的产生发展起了非常重要的作用。由于现实中寡头市场非常普遍,而产量决策又是厂商决策最主要的内容,因此古诺模型在现实经济中的例子比比皆是,不仅成为博弈论史上被引用最多的文献,还发展出了离散产量、连续产量、一次性博弈、重复博弈、不完全信息博弈、动态博弈的斯塔克博格模型等多种扩展版本。

博弈论发展史上最关键的第二个时期是从20世纪初开始出现对博弈问题较密集的研究,到1944年冯·诺伊曼和摩根斯坦出版《博弈论和经济行为》宣告博弈论诞生并引发了此后几年博弈论研究的第一个高潮。20世纪初开始齐默罗和波雷尔对象棋博弈等的系统研究,可以代表严格竞争的零和博弈研究的发端。齐默罗在1913年提出的关于象棋博弈的定理是博弈论的第一个定理,提出的"逆推归纳法"是博弈论第一种有一般意义的分析方法。1921—1927年,波雷尔给出了混合策略的第一个现代表述,并给出了有数种策略的两人博弈的极小化极大解等。诺伊曼和摩根斯坦于1928年给出了扩展形博弈定义,证明了有限策略的两人零和博弈有确定的结果等。1944年,冯·诺伊曼和摩根斯坦《博弈论和经济行为》的出版宣告博弈论正式诞生,也推动了博弈论研究的第一个高潮,非合作博弈和合作博弈理论的基本框架开始成型。非合作博弈的纳什均衡、囚徒困境模型,合作博弈理论的纳什议价解、核、夏普里值等都是这段时间的成果。

20世纪50年代中后期到70年代是博弈论快速发展和许多重要成果产生的关键时期。纳什均衡概念的扩展,混合策略均衡、动态博弈的子博弈完美均衡和颤抖手均衡、不完全和不完美信息博弈的完美贝叶斯均衡、贝叶斯纳什均衡、信息经济学和拍卖理论等的大发展,将非合作博弈理论的发展推向了高潮。这个阶段博弈论的重要发展还包括进化博弈论等。关于有限理性建模的研究等。但这个时期博弈论的体系还不是非常成熟,理论体系比较混乱,概念和分析方法很不统一,在经济学中的影响和应用比较有限。

20世纪八九十年代是博弈论走向成熟的时期。博弈论的理论框架及和其他学科关系等开始完整清晰,概念方法开始比较统一,非合作博弈理论进一步发展,合作博弈理论开始复兴,在经济学中的应用和影响不断增加,在现代经济学教育中的地位不断提高。从 20 世纪 90 年代开始,多次诺贝尔经济学奖授予纳什、海萨尼、莫里斯、奥曼、夏普里等博弈理论家,包括非合作博弈理论、信息经济学和合作博弈理论家等。博弈论理论体系在这个阶段的不断完善,应用的不断发展,以及多次诺贝尔奖的加成,使得博弈论的地位和影响力不断提高,对于博弈论今后的进一步发展有非常重要的意义。从这个时期以后博弈论就走上了一条巅峰发展的道路。

古诺 1838 年关于寡头间产量竞争的博弈模型,齐默罗 1913 年提出关于象棋博弈的定理是博弈论的第一个定理和提出"逆推归纳法",1921—1927 年波雷尔给出了有数种策略的两人博弈的极小化极大解,1944 年冯·诺伊曼和摩根斯坦出版《博弈论和经济行为》,1950 年纳什提出纳什均衡理论等都是博弈论史上最重大的事件。古诺、波雷尔、冯·诺伊曼和摩根斯坦、纳什和大多数博弈论领域的诺贝尔桂冠学者都是博弈论发展的关键人物。

(对于究竟哪些时期、事件和人物是博弈论发展史上最重要的观点,当然可以有主观性,每个人的答案可能有差异,但自己的观点应该有逻辑依据支持。)

4. 你认为博弈论未来最重要的发展在哪些领域?为什么?

参考答案:

博弈理论发展的角度,未来最重要的发展领域应该包含作为博弈理论基础的理性研究(理性经济人假设、博弈悖论、有限理性建模等),相关的实验和行为经济学研究,群体行为博弈(博弈学习、进化博弈、生物进化博弈)研究,拍卖理论、机制设计理论和方法研究,稳定匹配理论研究,微分博弈和随机博弈等研究。

博弈理论应用发展方面,包括金融市场风险管理(风险预警和控制、金融制度和存款保险等)研究,宏观经济管理(货币、财政政策等)研究,人口和社会问题研究,科技创新和科技产业发展研究,区块链和数字货币领域,人工智能和机器学习领域,信息和通信技术领域,环境保护政策和管理领域,政治、行政管理、国际关系和国际机构领域,军事冲突和武器控制等领域。

11.2 补充练习题

1. 纳什对博弈论的发展有哪些主要贡献?

参考答案:

纳什在1950年提出了将博弈论扩展到非零和博弈,最终成为非合作博弈理论奠基石的成果——"纳什均衡"(Nash equilibrium)概念和证明纳什均衡存在性的纳什定理,发展了以纳什均衡概念为核心的非合作博弈的基础理论。纳什均衡是古诺模型和伯特兰德模型中均衡概念的自然一般化,随着博弈论和经济学的发展,纳什均衡现在早已成了大多数现代经济分析的出发点和关键分析概念。

纳什对博弈论的另一大贡献是奠定合作博弈议价博弈分析方法基础的纳什议价解法。纳什议价解法是一种以有关公平和效率的几个基本公理为基础,兼顾个体理性和集体理性的逻辑要求,以纳什积最优化为核心的公理化解法。纳什议价解法是科学分析议价博弈问题最科学简洁的分析方法,对于议价博弈、合作博弈理论的发展有极其重要的意义。

此外,纳什对博弈论的贡献还包括提出了把合作博弈问题与非合作博弈联系起来的纳什规划理论。

2. 博弈论在现代经济学中的作用和地位如何,为什么?

参考答案:

博弈论为现代经济学提供了一种高效率的分析工具。博弈论在分析存在复杂交互作用的经济行为和决策问题，以及由这些经济行为所导致的各种社会经济问题和现象时，是非常有效的分析工具。与其他经济分析工具相比，博弈论在分析问题的广度和深度，在揭示社会经济现象内在规律和人类行为本质特征的能力方面，都更加有效和出色。正是因为这些特点，博弈论的产生和发展引发了一场深刻的经济学革命，使得现代经济学从方法论，到概念和分析方法体系，都发生了很大的变化。

博弈论既是现代经济学的重要分支，也是整个现代经济学，包括微观经济学、宏观经济学等基础理论学科，以及产业组织理论、环境经济学、劳动经济学、福利经济学、国际贸易等应用经济学科，共同的核心分析工具。不懂博弈论就等于不懂现代经济学。20世纪90年代中期以来，博弈论领域已经三次获得经济学诺贝尔奖，包括1994年的纳什(Nash)、海萨尼(J. Harsanyi)和塞尔顿(R. Selten)，1996年的莫里斯(James A. Mirrlees)和维克瑞(William Vickrey)，2001年的阿克洛夫(Akerlof)、斯潘斯(Spence)、斯蒂克利兹(Stiglitz)。

博弈论在经济学中的地位上升这么快，第一是因为现代经济中经济活动的博弈性越来越强，因此只有用博弈论的思想和研究方法才能有效地进行研究。第二是因为信息经济学发展的推动，而博弈论是信息经济学最主要的理论基础。第三是博弈论本身的方法论比较科学严密，因此结论可信度很高，在揭示社会经济事物内在规律的能力比一般经济理论更强。

3. 为什么合作博弈理论的发展相对滞后于非合作博弈理论？
参考答案：

因为从理性基础角度，非合作博弈是以相对较简单的个体理性为基础的，而合作博弈是以逻辑更复杂的集体理性为基础的，因此合作博弈理论研究发展的难度大于非合作博弈理论。从分析方法的角度,非合作博弈理论都以纳什均衡为核心解概念,其他解概念大多是纳什均衡的扩展,而且纳什均衡的存在性和一致预测性保证了非合作博弈分析方法比较有效。而合作博弈包含议价博弈和联盟博弈等不同成分,有纳什议价解、核、议价集、稳定集、夏普里值等许多解概念,存在性和有效性没有充分保证,而且相互关系较复杂,因此合作博弈理论缺乏统一有效的分析方法,研究和应用发展存在更多问题和更大困难。这些原因决定了合作博弈理论发展必然相对滞后于非合作博弈理论。

4. 博弈论的发展前景如何?

参考答案:

无论是从经济学理论发展本身规律的角度,还是社会经济发展对博弈论发展要求的角度,博弈论都有很大的发展前途。

第一,博弈理论本身非常优美深刻,是对人类认知、智慧和逻辑思维能力等的挑战,有很大的学术魅力,随着新的理论模型、分析工具和应用领域出现发展,博弈论价值得到越来越充分的认识,必然吸引更多学者学习、研究和应用博弈论,从而推动博弈论的进一步发展。

第二,在博弈规则的来源、博弈方行为模式和理性基础等方面基本理论方面,还存在不少有待进一步研究和解决的问题。解决这些问题正是博弈论未来进一步发展的巨大动力。

第三,金融、贸易、法律等领域不断提出新的博弈论应用课题,这些应用问题和成果与博弈理论的发展之间形成了一种相互促进的良性循环。这也是今后博弈论进一步发展的巨大动力。

第四,博弈论各个领域的发展并不平衡,例如当前合作博弈理论发展相对落后,意味着有更大发展潜力,可能会孕育出引发经济学新革命的重大成果。而非合作博弈和合作博弈理论的重新相互融合,也可能给博弈论的发展提出新的方向和课题。

5. 博弈论在我国经济体制改革和市场经济建设中有哪些重要的应用领域？

参考答案：

博弈论在我国经济体制改革和市场经济建设中可应用的地方很多，这里给出其中比较重要的几个领域。

(1) 市场经济条件下政府不能用计划和行政命令的方法调控经济，只能通过市场方法加以影响，而且必须考虑企业和地方等的反应(即通常所说的"上有政策，下有对策")。因此，政府必须要有博弈的意识和运用博弈的思路，才能对经济实现稳健的调控，否则效果与政策之间会有很大的偏差。

(2) 揭示市场经济的规律，给政府的经济管理提供有益启示。如博弈论可以揭示经济竞争中频繁爆发恶性商战的根源，是企业或者地方之间存在囚徒的困境问题，而且分散决策的厂商自身无法解决这种问题。这就为政府对企业或地方的行为加以适当限制，调整企业和地方的利益来源，从而避免不良竞争和提高经济效率等，提供了依据和方法。

(3) 在我国经济体制改革和国有企业管理体制改革中，委托人-代理人理论和激励机制设计原理有很大的应用价值。我国经济体制改革和国有企业改革的核心问题，是如何调整各方面的利益关系和调动职工和经营者的积极性和责任心，由于代表人民拥有国有资产的国家和代表国家行使国有资产监管职责的政府机构，对国有企业经营者和职工的工作情况只有不完全的监督，因此其中存在一种典型的信息不完全的委托人-代理人博弈关系，这种博弈问题的分析方法和结论在这方面有很大的用武之地。

(4) 我国处于社会主义市场经济建设的初级阶段，市场秩序还没有很好建立，在经济活动中利用信息不对称搞欺诈活动的现象经常发生，严重侵害消费者和正当经营厂商的权益，并且危及市场机制的正常运作。要有效防止这种现象的发生和泛滥，政府管理机构等可以运用不完全信息博弈理论、信息经济学中的相关理论和方法,找出克服这些问题,维护好市场秩序,提高经济活动效率的办法。

(5)对于企业经营者来说,在价格和产量决策、经济合作和经贸谈判、引进和开发新技术或新产品、参与投标拍卖、处理劳资关系,以及在与政府的关系和合作等众多方面,博弈论都是十分有效的决策工具。囚徒的困境和激励的悖论等众多博弈论的模型或命题,又为企业经营者揭示了众多经济、经营活动的内在规律。企业经营者利用这些工具可以大大提高经济决策的效率。

(6)不完全信息博弈论也可以揭示教育制度在市场经济中特殊的信号机制作用,这对我们正确认识教育在市场经济条件下的功能、作用和地位,对各级各类教育正确定位和准确把握教育制度改革的方向和目标等都有重要的指导意义。

当然,其他许多领域,如三农问题、发展战略选择、对外经济关系和贸易发展战略、金融体制改革、中央和地方经济关系、劳动力市场和人力资本投资、营销策略等宏观微观具体问题,也可以用博弈论进行分析研究。

图书在版编目(CIP)数据

经济博弈论习题指南/谢识予主编.—2 版.—上海：复旦大学出版社，2024.9
(复旦博学.经济学系列)
ISBN 978-7-309-17163-1

Ⅰ.①经⋯ Ⅱ.①谢⋯ Ⅲ.①博弈论-应用-经济学-研究 Ⅳ.①F224.32

中国国家版本馆 CIP 数据核字(2024)第 002067 号

经济博弈论习题指南（第二版）
JINGJI BOYILUN XITI ZHINAN
谢识予　主编
责任编辑/王雅楠

复旦大学出版社有限公司出版发行
上海市国权路 579 号　邮编：200433
网址：fupnet@fudanpress.com　http://www.fudanpress.com
门市零售：86-21-65102580　　团体订购：86-21-65104505
出版部电话：86-21-65642845
上海华业装璜印刷厂有限公司

开本 787 毫米×960 毫米　1/16　印张 14.75　字数 185 千字
2024 年 9 月第 2 版第 1 次印刷

ISBN 978-7-309-17163-1/F·3026
定价：46.00 元

如有印装质量问题，请向复旦大学出版社有限公司出版部调换。
版权所有　　侵权必究